Las afueras del español

David Fernández Vítores

Las afueras del español

El viaje de una lengua con escala en tres continentes

PETER LANG

Bibliografische Information der Deutschen Nationalbibliothek
The Deutsche Nationalbibliothek lists this publication in the Deutsche Nationalbibliografie; detailed bibliographic data is available online at http://dnb.d-nb.de.

Cover illustration: © triff\shutterstock.com

ISBN 978-3-631-87540-7 (Print)
E-ISBN 978-3-631-87547-6 (E-PDF)
E-ISBN 978-3-631-87548-3 (EPUB)
DOI 10.3726/b19566

© Peter Lang GmbH
Internationaler Verlag der Wissenschaften
Berlin 2022
All rights reserved.

Peter Lang – Berlin · Bern · Bruxelles · New York · Oxford · Warszawa · Wien

This publication has been peer reviewed.

www.peterlang.com

A mis dos alegrías, Elia y Galo

Tabla de contenido

Introducción

Las amistades más estrechas pueden llegar a perderse cuando entre ellas media la distancia y el paso del tiempo aleja los afectos, borrando el espejismo de una unión perdurable. Cunde entonces el olvido, la evocación del otro en soledad, la idealización de los momentos juntos. Y esto aparta tanto a los amigos que, cuando finalmente se produce el reencuentro, a ambos les cuesta reconocerse, hallar temas de qué hablar, más allá del recuerdo compartido, de la curiosidad por las sendas vitales que cada uno ha tomado. Algo parecido ocurre con ciertas variedades del español o con algunas lenguas procedentes parcialmente de este idioma, que el filtro del tiempo en la distancia ha hecho que las percibamos como extrañas, como hablas remotas de gentes de fuera.

Un idioma tan amplio como el español, con presencia considerable en más de veinte países, situados en su mayoría en territorios contiguos, hace que el grueso de sus hablantes tienda a percibir su superficie como un recinto cerrado y geográficamente compacto. Dentro de este espacio, el elevado grado de comprensión entre sus distintas variedades y la alta tasa de dominio nativo contribuyen a crear una imagen uniforme del español donde la norma lingüística suele actuar de barrera de entrada: español es lo de dentro; lo de fuera es otra cosa. Se construye así una realidad dual del español donde lo interno se contempla como propio y lo externo como ajeno. Es en estos espacios aledaños, sin embargo, donde esa dualidad imaginada difumina su contraste. Ya sea como parte residual de su historia, ya como germen de algo nuevo, el español encuentra en sus afueras un espejo en el que mirarse para comprender lo que ya ha sido, para imaginar lo que será. En estos lugares, la distancia, bien geográfica, bien lingüística, actúa a modo de lente de aumento capaz de exagerar las dimensiones de las hablas que separa, permitiendo así localizar sus posibles aristas e identificar las contradicciones latentes. El viaje desde dentro hacia fuera implica, por tanto, aprender a sentir lo ajeno como propio; el de afuera hacia dentro conlleva introspección, reconocer los vínculos que enlazan con el *centro* formando esa tupida red que extiende las fronteras del idioma y que obliga, en definitiva, a desechar la idea de periferia y a admitir la realidad *policéntrica* del español.

El concepto de *afueras* remite directamente a la frontera, esa línea, a veces física, a veces intangible, que separa la ciudad de sus alrededores, lo familiar de lo extraño, lo esencial de lo accesorio. Cuando de lenguas se trata, a un lado y otro de esta suele brotar el mestizaje. Es el caso de las fronteras políticas, que, al tratarse de lugares de paso o contención, con frecuencia acumulan en sus proximidades los rasgos más característicos de las lenguas que limitan. De este modo, la misma frontera que viene a separarlas actúa en ocasiones de canal en el que confluyen caudales lingüísticos de hablas distintas, favoreciendo una suerte de hibridación que acaba por borrar la idea de frontera para dejar tan solo una tierra de nadie, una tierra *lingüística* de todos, porque todos pueden transitarla con comodidad gracias a la mixtura. Pero no todas las fronteras tienen un referente físico acordado por convención entre países colindantes: cordillera, río, valla, muro... Las fronteras étnicas y sociales también separan de manera efectiva identidades y lenguas distintas dentro de un mismo territorio. Es lo que ocurre, por ejemplo, con la coexistencia de etnias en una misma región o con grupos sociales distintos dentro de un mismo entorno urbano. También en esos casos, es el contacto frecuente el que puede acabar generando variedades mezcladas.

El contacto con otras lenguas es, pues, el elemento común de las hablas que encontramos en los límites externos del español, en sus afueras. De ahí que su estudio no pueda abordarse exclusivamente desde la lingüística, sino en combinación con otras disciplinas, como la sociología, la antropología, la historia, la ciencia política... Explicar fenómenos como el cambio de lengua, las interferencias, los préstamos, la alternancia de código, las mezclas, requiere un enfoque interdisciplinar que ha de tener en cuenta elementos como la comunidad lingüística, la migración o las fronteras lingüísticas, entre otros.

La convivencia en un mismo territorio de dos o más idiomas se asocia en ocasiones a situaciones de conflicto. En estas, la comunidad lingüística más fuerte desde un punto de vista económico y político intenta imponer su lengua y su cultura a la comunidad más débil, que puede ejercer mayor o menor resistencia en función de sus intereses particulares y de la intensidad de los rasgos identitarios ligados a su lengua. Otras veces, esta coexistencia es pacífica y cada lengua se utiliza para funciones sociales diferentes (Fishman 1967). Este equilibrio diglósico puede ser relativamente estable, como ocurre, por ejemplo, en la mayoría de los países árabes entre el árabe clásico y los distintos dialectos nacionales. En estas situaciones, los dos idiomas en contacto tienen una relación de complementariedad, ya que cada uno ocupa su propio espacio y no hay intromisiones entre ambos. Es cuando alguna de las lenguas comienza a reclamar las funciones de la otra, cuando esta competencia suele resolverse en un desplazamiento de la última. Desplazamiento que no es necesariamente conflictivo, sino el resultado de una evolución natural destinada a evitar una situación de redundancia funcional: si los usos de ambos idiomas se solapan, es normal que uno de ellos acabe reemplazando al otro. En estos casos, es la lengua o variedad de mayor prestigio la que acaba imponiéndose. Este modelo sigue una concepción evolucionista en la que las situaciones de bilingüismo se consideran una fase de transición hacia el monolingüismo (Williams 1992).

Aunque no todas las situaciones de contacto generan un conflicto, este último suele surgir cuando entre los dos grupos de hablantes se produce una diferencia de estatus. La relación aquí no es de complementariedad, sino de exclusión de la comunidad lingüística dominada por parte de la dominante, que tiende a copar los espacios sociales y políticos más representativos: administración, parlamento, educación... El grupo menos favorecido se encuentra en estos casos ante un dilema: sucumbir a la asimilación para conseguir ascender socialmente o resistirse a esta última para preservar sus rasgos identitarios ligados a la lengua. Las tensiones son más intensas cuanto más homogéneo es el grupo minoritario en cuestión y más arraigadas son sus tradiciones. Es, por tanto, la desigualdad política, económica y social la que alimenta el conflicto, aunque este encuentra en la lengua su principal canal de expresión, pues ejerce de barrera de acceso a recursos privilegiados. Puede hablarse, así, de un conflicto lingüístico que trasluce otro de índole diferente, pues este no se da en realidad entre las lenguas, sino entre sus hablantes (Nelde 1998).

Fenómenos como la diglosia o el bilingüismo suelen ser el resultado de una dominación lingüística previa. El surgimiento de los Estados-Nación en Europa llevó aparejada la imposición en estas nuevas entidades políticas de una lengua nacional que acabaría por dominar a las regionales, poniendo en peligro su propia supervivencia (Dirven y Putz 1992: 684). Esta misma estructura nacional se replicó en los territorios coloniales, especialmente entre los siglos XIX y XX. Otras circunstancias en las que un idioma puede encontrarse en una posición de marginalidad es cuando la lengua de las comunidades de emigrantes entra en contacto con la mayoritaria del país de acogida.

En todas ellas subyace el sentimiento de pertenencia, de identidad, el deseo de supervivencia. Aquí, la lengua, junto con la religión, la cultura y la historia, es el pilar principal sobre el que se asienta la idea de nacionalidad. Es el vínculo que une con lo "auténtico" y con el "pasado glorioso" (Fishman 1972: 44–55), conceptos ambos muy abstractos, pero cargados de poder movilizador. En torno a la lengua se construye la esencia de la nacionalidad. No es solo una herramienta para contar su historia, sino que forma parte de ella. Sirve además de elemento aglutinante, de instrumento para reconocer a los miembros de la propia comunidad y para distinguir a aquellos que hablan otro idioma. Y esta capacidad va más allá de la dificultad que entraña la comunicación entre hablantes de lenguas distintas: una persona puede ser bilingüe, y aun así sentirse *separado* de los hablantes de su segunda lengua, pero *unido* a los de su idioma materno (Garvin y Mathiot 1956).

Dado el poder simbólico de la lengua para conformar la idea de nación, esta puede utilizarse para dar más nitidez a esa delgada línea que separa al *grupo étnico* de la *nacionalidad*. El empleo de la lengua en estos casos es, de hecho, ambivalente: por un lado, el nacionalismo puede usarla conscientemente para producir lenguas estándar, unificadas y modernas donde antes solo existían variedades locales y sociales, utilizadas inconscientemente y que acaban abandonándose (Fishman 1972c: 44–55); por otro lado, la lengua puede ser un símbolo de adscripción étnico-cultural por parte de grupos minoritarios reacios a integrarse en la nacionalidad predominante y que han desarrollado una identidad nacional propia (Fishman 1968: 6). De este modo, la intensidad con la que un determinado grupo defiende y mantiene el uso de su idioma, así como aquello que está dispuesto a sacrificar para no sucumbir a su abandono, puede servir de indicador para distinguir a una nacionalidad de una simple etnia.

Todas las situaciones descritas más arriba se han dado, en mayor o menor medida, en lo que hoy constituyen las afueras de la superficie hispánica. En aquellas con un pasado colonial hispanófono, la solución más inmediata a los problemas prácticos que surgen al gobernar favoreció, en algunos casos, la adopción del español como lengua de la administración. Esto no se produjo por los beneficios inherentes a este idioma. Un estado recién creado lo último que desea es adoptar como símbolo nacional la lengua del país que le impidió el control sobre su propio territorio. La explicación más plausible hay que buscarla en lo que los sociólogos llaman *dependencia de senda*: toda la documentación institucional ya está redactada en la lengua de la colonia y los cuadros gubernamentales y administrativos suelen manejarla con facilidad, lo que eleva los costes de transición hacia una lengua vernácula. En la práctica, esto significa que las reivindicaciones nacionalistas ligadas a la lengua hay que aplazarlas para favorecer la consolidación de la nueva nación. Por otra parte, la adopción de una lengua vernácula muchas veces implica primar a una comunidad lingüística determinada en detrimento de otra, con la consiguiente oposición de las que resultan desfavorecidas. La lengua colonial actúa entonces de comodín aglutinador que permite la realización de las actividades normales de gobierno.

El viaje que ahora comienza no toma como referencia concreta ninguna de las fronteras aquí descritas, sino más bien la creada por el imaginario hispánico mayoritario, aquella que ve lo remoto como un lugar extraño en el que se dan cita, con grados distintos de nitidez, todos los límites anteriores. Es, pues, la distancia, ya física, ya cultural, ya lingüística, la que configura la estructura de este texto. No recalará esta nave, por tanto, en algunos puertos familiares donde la contigüidad geográfica ha acabado creando variedades de frontera, como es el caso del portuñol. Tampoco se detendrá en aquellos lugares en los que la influencia del español es tan intensa que está comenzando a borrar los rasgos más exóticos de lo que antes se percibía como un habla extraña, como revela el papiamento actual; o en aquellos donde el número de hablantes es tan reducido y su habla se presenta tan fusionada con el español, que apenas es posible distinguirla de este último, como ocurre con el palenquero. En cuanto al español hablado por los sefardíes, su carácter transnacional y la imposibilidad de adscribirlo a una zona geográfica concreta, nos ha obligado a dejarlo fuera de este recorrido.

Las afueras que aquí visitaremos se sitúan en la costa oriental de Asia, en la región del Magreb, en el África ecuatorial y, ¡cómo no!, en el norte del continente americano. En todos estos lugares, el contacto con otras culturas, con otras lenguas, parece haber difuminado la huella de lo hispánico hasta el punto de que el idioma que allí se habla no se reconoce como propio. Es sin duda este contacto el que ha dotado a esas formas de hablar de sus características más peculiares, pero es también la distancia la que ha hecho que las veamos como hablas exóticas, distintas, *distantes*.

Otros navegantes han emprendido con anterioridad este viaje. La nave en la que partimos apenas se mantendría a flote sin las valiosas aportaciones de autores como Antonio Quilis o Francisco Moreno Fernández. Si nos embarcamos en ella no es tanto para explorar nuevos derroteros como para consolidar los ya existentes, enriqueciéndolos con los datos más recientes que vayamos encontrando en el camino para, de este modo, ir corrigiendo el rumbo inicial. Empecemos.

Capítulo I   Filipinas: el viaje del español hacia una lengua global

A diferencia de lo que ocurrió en América Latina, Filipinas nunca llegó a aprender del todo el español. Aun así, la huella de este idioma es indeleble. Basta un simple paseo por el casco histórico de la capital para reconocer la herencia española reflejada en la mayoría de los nombres de sus calles: Cabildo, Solana, Caballeros Elcano, Legaspi... La presencia del español también puede sentirse en sus ajetreados mercadillos o en la multitud de pequeños negocios que inundan la ciudad. No hace falta viajar más al sur, donde se concentran la mayoría de los hablantes de chabacano, para que la gente nos salude con un *kumustá*, muy similar fonéticamente al «¿cómo está?». La influencia del español se manifiesta en mayor o menor medida en todas las lenguas autóctonas, si bien esta es especialmente evidente en la dos mayoritarias: el tagalo, hablado sobre todo en Luzón, y el cebuano, localizado principalmente en Bisayas Centrales y Mindanao. Ambas conservan todavía entre un 15 % y un 20 % de palabras procedentes del español. Parte de este léxico aún tiene, de hecho, el mismo significado que en español, aunque ha adaptado su grafía al nuevo alfabeto filipino. Tal es el caso de las palabras tagalas *alkalde* (alcalde), *kutsara* (cuchara), *lababo* (lavabo), *mensahe* (mensaje), *panyo* (paño), *sinturon* (cinturón) o *yelo* (hielo). Otras han adquirido un significado completamente diferente, como *kursonada* (procedente de "corazonada"), que significa «objeto de deseo»; *sospetsoso* (de "sospechoso"), «persona que sospecha»; *Labakara* (de "lavacara"), «toalla de cara»; o el más llamativo *Konyo* (de "coño"), «de clase alta». La misma evolución se observa también en los hispanismos que incorpora el cebuano actual: algunas palabras han permanecido inalteradas; otras, la mayoría, se han adaptado a la estructura del idioma autóctono en el nivel ortográfico y/o fonológico; y una minoría ha variado su significado.[1] Palabras como *setenta*, *swerte* (suerte) o *kumusta* (hola) son solo una muestra de lo anterior. Pero quizás el elemento que mejor refleja la fuerte influencia del español en el archipiélago no es tanto la gran

---

1   Quilis 1976, p. 26.

cantidad de palabras procedentes del español que aún utilizan a diario sus más de cien millones de habitantes como la elevada coherencia semántica y homogeneidad fonológica que se observa en los hispanismos de las distintas lenguas vernáculas: *patata, choriso* (chorizo) o *militar,* por poner un ejemplo, son exactamente igual en tagalo, cebuano, chabacano y en algunos de los más de 170 idiomas y dialectos que hoy se hablan en Filipinas.

A pesar de que la presencia del español resulta evidente en los préstamos que atesoran todas estas lenguas, el fuerte influjo que hoy ejerce sobre ellas el inglés, lengua oficial del país desde 1987, junto con el tagalo, hace que esta se vaya difuminando poco a poco, debido al fenómeno del contacto lingüístico, ausente en el caso del español y constante en el del inglés. Curiosamente, a los filipinos que se empeñaron en adoptar tempranamente el inglés se los denominó en tagalo *ingliseros*, palabra formada a partir del español, lo que da una idea de la enorme latencia de este idioma.

1.1. La llegada de los españoles

Aunque la presencia española en Filipinas se remonta a la época de la primera circunnavegación del globo terrestre, la expedición de Magallanes y Elcano apenas se limitó a dejar constancia de la existencia de estas islas, denominadas *de Poniente* por el propio Magallanes. Más allá del carácter exploratorio del viaje, la razón principal de esta desidia hay que buscarla en una cuestión de índole jurídica, y es que el archipiélago se encontraba dentro de la zona que el Tratado de Tordesillas asignaba a Portugal. En cualquier caso, el hallazgo de estas islas supuso un acicate adicional para que ambos descubridores completaran su misión, ya que, si se llegaba a demostrar de forma empírica algo que ya se sabía desde hacía tiempo desde el punto de vista teórico, es decir, que la tierra era redonda, ello obligaría a revisar los términos del Tratado, basados en una concepción del mundo plano. Se abría así la posibilidad para el imperio español de establecer por primera vez una base de operaciones en la ambicionada Especiería, hasta entonces bajo monopolio portugués. Además del incentivo económico que suponía el comercio de productos como el clavo, la pimienta, la canela, la nuez moscada, etc., tan cotizados en los mercados europeos, la ubicación estratégica de las islas las convertía en una plataforma ideal desde la que estrechar lazos comerciales con Catay y Cipango, actuales China y Japón.

La apertura de una ruta hacia las Molucas a través del Índico por los marinos portugueses ya había puesto de manifiesto la necesidad de trazar el antimeridiano de la línea de demarcación fijada en Tordesillas. Esto no se materializó hasta la firma del nuevo Tratado de Zaragoza, el 22 de abril de 1529. Un emperador Carlos V más preocupado por las alianzas europeas, que exigían eliminar las rivalidades con Portugal, unido a una cierta pérdida de interés sobre estas tierras por parte de Castilla, que aún no había conseguido encontrar una ruta de regreso desde estas, influyeron sin duda en la redacción del nuevo Tratado, que no logró desambiguar los términos fijados en el anterior. Portugal seguía manteniendo su control sobre el archipiélago, pero este se había logrado mediante el pago de una cantidad a los españoles en concepto de derechos de propiedad y explotación sobre las islas, lo que en la práctica suponía un reconocimiento tácito de la soberanía española. Además, España había logrado incluir una cláusula de salvaguardia: la posibilidad de anular sus renuncias sobre estos territorios con la simple devolución de dicha suma.

La principal virtud del tratado de Zaragoza no reside únicamente en las zonas de influencia que define, sino en la creación de un nuevo marco de negociación para el posterior reparto de aquellas posesiones entre las dos coronas. No hay que olvidar que, en aquella época, no existían los medios técnicos suficientes para determinar de forma exacta la posición de la nueva línea de demarcación. El concepto de *legua* como unidad de medida era tan poco preciso en Zaragoza como en Tordesillas. Por otra parte, aunque el archipiélago quedaba claramente comprendido dentro de la zona de influencia portuguesa, la mayoría de sus islas aún se desconocían por completo: Magallanes solo hizo escala en Sámar, Leyte, Cebú y Mactán, donde murió a manos de los nativos, aunque sus barcos recalaron más tarde en Mindanao. A Mindanao también había llegado poco después la expedición comandada por García Jofre de Loaísa, a instancias de Carlos V, para reclamar los derechos españoles sobre las nuevas tierras. Sin embargo, las disputas con los portugueses establecidos en el archipiélago impidieron el éxito de la misión.

La misma incertidumbre territorial que se desprendía del nuevo tratado se observaba también en el anterior. De hecho, los portugueses llevaban años intentando forzar hacia el oeste el límite fijado en Tordesillas, lo que reforzaba aún más el argumentario español sobre su soberanía del archipiélago.

Meridiano y antimeridiano no constituían, por tanto, fronteras claras entre las áreas asignadas a ambas coronas, sino, más bien, una ancha franja de tierra de nadie pendiente de reparto. De ahí que las expediciones españolas posteriores a esas islas no se detuvieran.

La primera disputa oficial acerca de la titularidad de las islas Filipinas se produjo durante la expedición de Ruy López de Villalobos que, en 1543, hizo escala tanto en Leyte como en Mindanao. El gobernador luso de Ternate le acusó de saquear poblados y apresar nativos en aquellos territorios, que, según él, caían dentro de la demarcación portuguesa, a lo que Villalobos respondió que Mindanao se encontraba fuera de esta y que además llevaba instrucciones expresas del rey Carlos I y del virrey de la Nueva España de no entrar en Maluco ni en ninguna otra posesión portuguesa. El fracaso de esta expedición abre un largo paréntesis en las incursiones españolas hasta que, en 1559, vuelve a ponerse sobre la mesa la necesidad de encontrar un derrotero que permita cruzar el océano Pacífico desde la Especiería hasta América.

En esto último jugó un papel decisivo la expedición de Miguel López de Legazpi. Aunque programada inicialmente para alcanzar la recientemente descubierta Nueva Guinea, respetando así los territorios portugueses del Tratado, una suerte de acontecimientos, como la muerte del virrey de nueva España, Luis de Velasco, y la ocupación de su vacante por la Audiencia de México, crearon el ambiente propicio para hacer caso omiso de la influencia portuguesa sobre el archipiélago magallánico bajo un pretexto igualmente falso: que estas islas solo eran conocidas por los portugueses a través de cartas de navegación españolas. Se fijaba así un nuevo objetivo para la expedición, que ahora pondría rumbo a las islas Filipinas, donde, aparte de rescatar a exploradores anteriores, los españoles podrían establecerse a su antojo. Pero la misión tenía un objetivo adicional: el de encontrar una ruta viable de regreso, algo que conseguiría Andrés de Urdaneta en 1566, cuando, después de ciento treinta días llenos de penalidades, logró llegar al puerto de Sanlúcar de Barrameda siguiendo la corriente de Kuroshio, que constituía una vía marítima desde Japón hasta la costa californiana.

El descubrimiento del denominado *tornaviaje* o *vuelta del Poniente* supuso la apertura de una ruta comercial estable desde las ciudades recién fundadas por Legazpi –Cebú en 1565 y Manila en 1571– lo que, en la práctica, contribuyó a dar carta de naturaleza a una situación jurídica irregular.

El poblamiento de aquellas tierras por parte de los colonos españoles no puso fin, sin embargo, a las disputas territoriales, que se prolongaron durante más de dos siglos plagados de encuentros y desencuentros entre las dos coronas. Habrá que esperar hasta la firma del Tratado de San Ildefonso, en 1777, para que ambas solucionen por fin sus desavenencias: Portugal aceptaba definitivamente la soberanía española de Filipinas y a cambio recibía el control sobre ciertos territorios en América del Sur.

1.2. La expansión del idioma

El descubrimiento del tornaviaje no es un hecho menor en la singladura del idioma español. Con el establecimiento de rutas comerciales seguras desde Poniente, este pasó de repente a convertirse en una lengua global, enriqueciéndose con términos que viajaban por todo el planeta siguiendo la rosa de los vientos. El famoso *galeón de manila* no solo iba cargado de productos, sino también de términos exóticos que recalaban primero en Acapulco, donde a veces se transformaban o fusionaban con vocablos novohispanos o indigenismos ya asentados, para viajar después por ruta atlántica hasta los puertos peninsulares, desde donde se distribuían, primero por España y después por toda Europa. Palabras como *abacá, paipay, betel, pantalán, salacot* o *nipa* comenzaron a especiar las conversaciones diarias de muchos españoles (Quilis et al. 1997). Y el viaje en sentido contrario fue todavía más intenso, como pone de manifiesto el alto porcentaje de hispanismos que aún conservan el tagalo y el cebuano actuales (Quilis 1976 y Barón Castro 1972).

A pesar de esta conexión comercial y lingüística entre Filipinas y la metrópoli, durante los más de tres siglos que los españoles ocuparon el archipiélago nunca existió una política lingüística uniforme. Asuntos como la conversión religiosa o la recaudación de impuestos favorecieron inicialmente una política de acercamiento a la población local basada en el aprendizaje de las lenguas autóctonas, lo que acabó nutriendo las bibliotecas de la corte española de gramáticas y diccionarios de nuevo cuño que las descifraban (Álvarez-Piñer 2018a: 115). La política de evangelizar utilizando para ello los idiomas indígenas era la misma que se había seguido en general las Indias. A la larga, esto acabaría dando gran poder a las órdenes religiosas, que se convirtieron en intermediarios necesarios en la comunicación entre la metrópoli y los nativos (Muñoz Machado 2017). El aprendizaje del español no tenía, por tanto, carácter obligatorio, sino opcional. Ello no impidió el surgimiento de iniciativas destinadas a la difusión de la lengua y la cultura españolas. En 1593 comenzó a funcionar la primera imprenta del país y, en 1595, los jesuitas fundaron en Cebú la primera institución de carácter académico, el Colegio de San Ildefonso, cimiento de la futura Universidad de San Carlos. Asimismo, en 1611, los dominicos abrieron en Manila las puertas de la Universidad de Santo Tomás.

El primer intento oficial por hacer del castellano la lengua vehicular del archipiélago vino de la mano de Felipe IV, que, mediante una Real Cédula, sancionada el 2 de marzo de 1634, instaba a los religiosos españoles a favorecer la enseñanza de esta lengua entre la población nativa conversa. Y este mismo enfoque se mantuvo durante el reinado de Carlos II a fin de evitar las distorsiones que los intérpretes pudieran introducir en la comunicación entre la Corona y sus súbditos insulares. El reinado de Carlos III introdujo un objetivo más ambicioso en esta empresa: el de erradicar los idiomas locales para favorecer así la implantación del español. Para lograrlo, exigía el dominio del español para acceder a puestos públicos. A través de su gobernador, Simón de Anda y Salazar, estableció el requisito de hablar español para poder ejercer cargos municipales y provinciales y, al mismo tiempo, recordaba a franciscanos y dominicos la obligatoriedad de enseñar únicamente en esta lengua (Elizalde 2018). El objetivo último era la hispanización del archipiélago. Sin embargo, el amplio alcance de este empeño, contenido en la Real Cédula de 16 de abril de 1770,[2] se topó con la dificultad estructural de su aplicación, que exigía la construcción de escuelas y otras infraestructuras, sin asignar, sin embargo, los recursos necesarios para ello, lo que, en la práctica, convirtió al texto en una mera declaración de intenciones, al menos en lo que a Filipinas se refiere. Por otra parte, en los puestos más bajos de la administración, la exigencia de hablar español era necesariamente más laxa, porque muchas veces no era posible encontrar a personas capacitadas que dominaran la lengua de la metrópoli (Sueiro 2012).

---

2   Real Cédula para que se destierren los diferentes idiomas que se usan en estos dominios, y solo se hable el castellano. Madrid, 16 de abril de 1770.

Fue la consolidación gradual de las estructuras coloniales españolas a lo largo de los siguientes dos siglos la que hizo que las autoridades fueran tomando conciencia de la importancia del castellano como lengua franca en un estado insular caracterizado por la existencia de numerosas hablas diferentes, muchas de ellas ininteligibles entre sí. La pujanza económica del archipiélago contrastaba con la falta de un idioma común que permitiera aplicar correctamente el aparato burocrático y estatal que esta precisaba. En 1863, la reina Isabel II intentó poner fin a esta situación mediante la promulgación de un *Real Decreto Estableciendo un plan de Instrucción Primaria en Filipinas*[3] que permitió la puesta en marcha de centros educativos en los principales pueblos y ciudades del archipiélago, cuyas clases se impartían en español. La idea que subyacía a esta orden era la de incrementar la aceptación del régimen colonial por medio de la asimilación lingüística de la población, algo que daba al traste con los intereses de las órdenes religiosas, que no querían perder el control de los asuntos insulares, al que habían accedido gracias a su actuación como intermediarios lingüísticos. Aunque la aplicación del decreto no supuso la hispanización total del archipiélago, sí que trajo consigo un aumento exponencial en el uso del español, que, a principios de siglo XX, ya era percibido no solo como la lengua de los colonizadores, sino como el instrumento esencial para el progreso de "aquel país, tan fecundo en gérmenes de riqueza"[4]. La prensa, la política, la justicia y el comercio se expresaban en español. No es de extrañar, por tanto, que las élites filipinas adoptaran esta lengua como propia. Frente a estas, el filipino de a pie no acababa de aprender el español, al que consideraba patrimonio exclusivo de una minoría comercial emergente (Molina 1989: 75).

Aparte de la falta de recursos para poner en práctica el decreto, así como la oposición de algunos sectores a que este se aplicara de manera íntegra (Álvarez-Piñer 2018a: 120), la razón principal de la falta de arraigo de la lengua española hay que buscarla en la ausencia de un contingente de población hispanohablante nativa lo suficientemente significativo como para garantizar su expansión por todo el país. Salvo en Manila, Cebú

---

3   http://digitallibrary.ust.edu.ph/cdm/fullbrowser/collection/section5/id/47755/rv/
    compoundobject/cpd/47788
4   *Ibidem.*

o Zamboanga, la concentración de hablantes de español procedentes de España o de Hispanoamérica fue escasa y discontinua en el tiempo. Se calcula que, a finales del siglo XIX, la mitad de los manileños, ya fueran españoles o filipinos, podían expresarse en español (Rodríguez-Ponga 2003: 46), con distinto grado de dominio del idioma: desde el conocimiento nativo hasta la utilización de un criollo, el chabacano, pasando por el empleo de una variedad pidginizada denominada *español de tienda, español de mercado, español de trapo o español de parián* (Lipski 2010: 10). La situación en la urbe era muy diferente a la observada en el conjunto del país: solo el 14 % de la población podía comunicarse en español en 1903, cifra que, no obstante, era muy superior a la registrada tan solo treinta años antes (2,5 %). Incluso después de la guerra filipino-estadounidense y la consiguiente introducción del inglés como lengua de instrucción en la enseñanza pública, el español continuó prevaleciendo como la lengua vehicular del archipiélago, especialmente en las grandes ciudades. Con todo, su peso relativo siguió disminuyendo a medida que avanzaba el siglo XX: 11,8 % al finalizar la Primera Guerra Mundial, 2,6 % al estallar la Segunda... La principal razón de este declive hay que buscarla sin duda en la decidida apuesta estadounidense por extender el uso del inglés en el archipiélago, en detrimento del español, pero también es cierto que este no habría sido tan firme sin la existencia de un sentimiento antiespañol.

La animadversión hacia lo español fue gestándose poco a poco desde finales del siglo XIX y a ella contribuyó en buena medida el fusilamiento de José Rizal, en torno a cuya obra había venido forjándose un nacionalismo filipino que más tarde daría paso a un movimiento claramente independentista de corte revolucionario. Sus dos novelas, *Noli me tangere* («no me toques» en latín) y *El filibusterismo,* ambas escritas en español, describían la difícil relación de la colonia con su metrópoli y dibujaban una imagen del archipiélago donde cundía la corrupción y el abuso por parte del gobierno español y de las órdenes religiosas. Aunque la circulación de ambos textos se prohibió en todo el país y Rizal fue enviado a un exilio en Cuba a instancias de franciscanos y dominicos, varias de las frases contenidas en ellos serían utilizadas más tarde, a modo de consigna, por el *Katipunan*, un movimiento clandestino marcadamente independentista. Por eso, a su regreso a Filipinas, Rizal fue acusado de asociación ilícita con otros revolucionarios cubanos, juzgado por sedición y condenado a muerte. Hoy el paraje de Manila donde fue ejecutado está ocupado por un parque que lleva su nombre y su figura ha sido elevada a la categoría de héroe nacional. La identidad nacional filipina se forjó, por tanto, en torno al español (Alvar 1986). Fueron nativos y mestizos formados en escuelas y universidades españolas los que pusieron en contacto al archipiélago con las transformaciones políticas, económicas y sociales que estaban produciéndose en todo el mundo. Los escritos de estos estudiantes, miembros en su mayoría de la clase alta hispanohablante y formados en el humanismo y la retórica clásicos por las órdenes religiosas, tuvieron una excelente acogida en la prensa liberal peninsular (*El Imparcial, Los Dos Mundos, El Liberal, El Progreso*, etc.), que se hizo eco de sus opiniones sobre la situación del archipiélago. Más adelante, crearon sus propios medios de expresión (*La Solidaridad, Revista del Círculo Filipino*...) e incluso utilizaron la literatura como instrumento de propaganda para trasmitir a España la necesidad de cambiar su política con respecto a la colonia, de ahí el nombre que dieron a su movimiento: *Propaganda* (García Castellón 2011). Tanto La Constitución de Malolos, de 1899, como el himno nacional de la Primera República Filipina a la que dio origen, fueron redactados en español. El español no solo se convirtió en la lengua oficial de este país durante la escasa vigencia de esta carta magna (1898–1901), sino que creó una inercia burocrática y administrativa que siguió demandando su uso hasta bien entrado el siglo XX. Si la campaña antiespañola se había vertebrado en torno a manifiestos y textos literarios de carácter patriótico escritos en castellano, como la poesía de Emilio Jacinto, ideólogo del Katipunan, o las *Memorias de la revolución filipina*, escritas por el que fuera el mentor del general Aguinaldo, Apolinario Mabini, la intervención norteamericana había puesto de manifiesto la necesidad de utilizar esta lengua para la transición jurídica hacia la nueva administración colonial anglófona.

1.3. El español sin los españoles

La política lingüística puesta en marcha por los Estados Unidos tenía como objetivo la eliminación del español en todos aquellos ámbitos en los que este había conseguido consolidarse. Sin embargo, su retirada no se produjo con la rapidez deseada por la nueva administración colonial, sino de forma gradual. El intento de imponer el inglés tuvo que lidiar con los frutos tardíos de una política lingüística hispanizante puesta en marcha en la etapa anterior: el español seguía enseñándose en las escuelas y mantenía su estatus como lengua de las élites política y económica.

Frente al avance del inglés, no fueron pocos los intelectuales filipinos que defendieron en sus escritos el mantenimiento del español, al que consideraban el pilar esencial de la identidad y la cultura filipinas. Incluso llegó a vivirse un resurgir de la literatura escrita en español. Autores como Fernando María Guerrero, Jesús Balmori, Isidro Marfori, Antonio M. Abad, Cecilio Apóstol, son solo parte de la nómina de autores de la que se dio en llamar la *Edad de Oro del castellano en Filipinas*, que bebía de la ideología antiamericana del escritor uruguayo José Enrique Rodó y de las teorías políticas de Ramiro de Maeztu (García Castellón 2011). Periódicos como *El Renacimiento, la Vanguardia, El Maestro, Semana, Nueva Era o Nuevo Horizonte* sirvieron de soporte para canalizar sus inquietudes prohispanas (Donoso 2012: 339).

A finales de la primera década del siglo XX circulaban en el archipiélago casi doscientas publicaciones periódicas, de las que la mitad eran en español. La otra mitad combinaba el español con el inglés o con las lenguas autóctonas. Con todo, conforme iban creciendo las nuevas generaciones, formadas ya en una cultura anglófona, los periódicos editados principalmente en inglés comenzaron a reducir sus secciones en castellano, cuando no a eliminarlas totalmente (García Castellón 2011: 166). Si, en 1902, el número de periódicos en castellano casi triplicaba al de los editados en inglés, cuando Filipinas accedió a su independencia, en 1946, el peso relativo de la prensa en español apenas superaba el 2 % del total (Otero Roth 2006). A fin de compensar el evidente declive de la prensa en español, muchos de estos periódicos promovieron concursos literarios que premiaban obras escritas por autores filohispanos. Y la misma idea subyació en la creación, en 1920, del Premio Zóbel o del otorgado por la Universidad de Santo Tomás.

Estas iniciativas no tardaron en tener su correlato institucional. Con sede en el Casino Español de Manila, se fundó en 1924 la Academia Filipina de la Lengua Española con el fin de «custodiar, difundir y enaltecer» el español en el archipiélago. Algunos de sus primeros frutos fueron la revisión de los filipinismos incluidos en el *Diccionario de lengua española*, la fundación de una biblioteca de uso propio y el nombramiento de delegados nacionales.[5] Otros centros, como la Casa De España o el Jardín de Epicuro, también sirvieron de lugar de encuentro para intelectuales preocupados por el mantenimiento de la lengua española. Pero todos estos esfuerzos por recuperar la huella de lo hispano lo único que hacían era poner de manifiesto una realidad cada vez más palpable, y es que el inglés avanzaba de manera inexorable, en detrimento del español.

Las medidas adoptadas durante los años treinta dieron carta de naturaleza a una situación que, en cierto modo, ya existía de hecho. Mediante la Ley Tydings-McDuffie, aprobada el 24 de marzo de 1934, Estados Unidos estableció el procedimiento para que la colonia norteamericana pasase a convertirse en una Mancomunidad, tras un período de transición de diez años. El texto articulado preveía la creación de una convención para redactar una nueva Constitución, que sería aprobada al año siguiente.[6] En todo este proceso, una cosa quedó clara: la necesidad de adoptar una lengua común de entre las autóctonas del archipiélago, papel que le correspondió al tagalo, la mayoritaria del país. El inglés y el español seguirían considerándose idiomas oficiales, pero se dejaba una vía abierta a una revisión de su estatus en el futuro (Donoso 2012: 337).

La idea de elegir el tagalo como la lengua principal del país se intensificó a partir de 1941 con la ocupación japonesa, que, al incidir sobre la esencia asiática de Filipinas, intentó borrar su impronta hispana y anglosajona, en favor de la lengua vernácula. No solo se prohibieron las publicaciones en español y en inglés, sino que hasta se llegaron a quemar bibliotecas enteras con libros escritos en estas lenguas (García Castellón 2011: 167).

El golpe de gracia para el español se produciría en 1944, cuando la aviación norteamericana bombardeó el barrio de Intramuros, donde residía la mayoría de la resistencia hispanohablante más combativa del país y sin cuya representación el español parecía tener los días contados. El fin de la guerra y la posterior independencia de Filipinas en 1946 sirvieron para hacer un recuento de los daños colaterales que había sufrido el español, que ya solo seguía utilizándose en el seno de algunas de las familias más acaudaladas del

---

5   Asale.org: https://www.asale.org/academias/academia-filipina-de-la-lengua-espanola

6   Ley federal de los Estados Unidos promulgada el 24 de marzo de 1934.

país, especialmente aquellas de origen español que continuaban su actividad empresarial y comercial iniciada en la etapa española (Elizalde 2018: 107). La lengua española había abandonado definitivamente su aspiración de convertirse algún día en la lengua unitaria del país para pasar a ser un mero elemento de prestigio social que remitía a la nostalgia de una gloria ya perdida. Ello no impidió, sin embargo, que, en la etapa posterior a la independencia, se produjera un cierto resurgir de esta lengua, cuyo aprendizaje decidió promoverse en las escuelas filipinas a fin de que las nuevas generaciones pudieran acceder a las obras de los padres fundadores de la nación en la lengua original: la ley Sotto, de 1949, introducía la asignatura de español como optativa en la enseñanza secundaria; la Ley Magalona, de 1952, la hacía obligatoria tanto en las escuelas como en las universidades durante al menos dos años consecutivos; la Ley Cuenco, de 1957, establecía que, en ciertas carreras, debían completarse al menos veinticuatro créditos de español, más tarde reducidos a doce. A pesar de la voluntad política para recuperar el español y convertirlo en referente y depositario de la identidad filipina, la falta de recursos para materializar lo contenido en estas leyes, especialmente de profesores cualificados, así como las protestas de parte del estudiantado, que veían excesiva la carga docente obligatoria en torno al español, hicieron que estas medidas no llegaran a cuajar.

La Constitución de 1973, aprobada durante el régimen de Ferdinand Marcos, encargaba a la nueva Asamblea unicameral, el Batasang Pambansa, el diseño de medidas conducentes al "desarrollo y adopción de una lengua nacional común"[7] que se denominaría *filipino* y cuya base sería el tagalo, con aportes léxicos del resto de las lenguas autóctonas. Aunque inicialmente esta Carta Magna solo establecía el inglés y el filipino como lenguas oficiales, un decreto presidencial posterior volvió a incluir el español, al que se consideraba esencial para poder garantizar la admisibilidad de gran parte del acervo político, jurídico y cultural que aún no había sido debidamente traducido a las otras dos lenguas.[8] Se reconocía, por tanto, el patrimonio cultural ligado a este idioma, al tiempo que se expresaba la transitoriedad de su oficialidad. Los mismos sentimientos encontrados con respecto a la

---

7   Artículo 15, apartado 3, punto 2 de la Constitución de la República de Filipinas de 1973.

8   Decreto Presidencial n.º 155, de 15 de marzo de 1973.

oficialidad del español se observan también en el debate que precedió a la redacción de la constitución del 1987, aún en vigor en la actualidad. Este texto concede el estatus de lengua nacional al filipino, al que también reconoce como lengua oficial del país, junto al inglés, idioma este último que es contemplado como un mal necesario a la espera de que la lengua nacional se desarrolle plenamente. El español desaparece definitivamente del repertorio de lenguas oficiales y tan solo se prevé su promoción con carácter voluntario y optativo.[9]

1.4. Los hablantes de español

Con este telón de fondo sociolingüístico, la tarea de averiguar el número exacto de hablantes de español que hay hoy en Filipinas se presenta, cuando menos, compleja. La dificultad no reside únicamente en la ausencia de un censo fiable que permita contabilizar de forma precisa los hablantes de las distintas lenguas que se manejan en el país, incluidas las extranjeras, sino, precisamente, en la fuerte influencia que ha tenido el español sobre las lenguas autóctonas, fenómeno que en ocasiones crea en el turista hispanohablante recién llegado la ficción de que puede entenderse, siquiera parcialmente, con la población local, sensación esta última que rara vez pasa de lo meramente anecdótico. A esto conviene añadir el hecho de que los datos existentes no suelen estar basados en trabajos de campo exhaustivos, sino en fuentes históricas que, en ocasiones, tienden a proyectar desde el pasado un presente hispanohablante que no siempre se corresponde con la realidad. Por otro lado, resulta muy complicado realizar un seguimiento del reducido grupo de personas, ahora de edad avanzada, que adquirieron esta lengua, como nativa o extranjera, cuando el inglés y el filipino aún no habían copado todas las esferas de influencia social, así como el de aquellas pertenecientes a las nuevas generaciones que, sin tener necesidad de emplear el español en su día a día, han llegado a aprenderlo porque sus padres se preocuparon de que así lo hicieran, ya fuera como símbolo de su identidad nacional, ya como marcador de un estatus social determinado. En todo este entramado transgeneracional que presenta el paisaje lingüístico del archipiélago es preciso incluir una peculiaridad no menos importante

---

9   Sección 7 del artículo XIV de la Constitución de 1987.

para las cifras del español: la existencia de un conjunto de variedades criollas conocidas como *chabacano*, cuya lengua lexificadora es el español.
Es cierto que, debido principalmente al alto porcentaje de hispanismos
que aún mantienen los diferentes dialectos de este criollo (zamboagueño,
caviteño, ternateño y cotabateño), a sus hablantes se les puede suponer una
cierta competencia en español, pero no hay que olvidar que la mayoría de
las características estructurales del chabacano son ajenas a esta lengua,
ya que surgieron del contacto entre hablas filipinas muy diversas entre sí,
pero estructuralmente congruentes (Lipski 2010), con lo que el grado de
comprensión del español por parte de los chabacanohablantes se antoja
limitado, aunque lo suficientemente bueno como para facilitar la inteligibilidad mutua entre nativos de las distintas lenguas. Con todo, la transformación del panorama sociolingüístico de la península de Zamboanga
en las últimas décadas no parece ser el más idóneo para el mantenimiento
de este idioma a largo plazo. Hace unos años, el inmigrante que llegaba a
Zamboanga en busca de trabajo procedente de otra parte del país se veía
obligado a aprender chabacano para poder comunicarse. En la actualidad,
el chabacano aún conserva la masa crítica suficiente para sobrevivir como
lengua independiente y sale airoso en buena parte de los nueve criterios de
vitalidad lingüística definidos por la UNESCO. Sin embargo, su número de
hablantes es ahora similar al de otras lenguas que se hablan en la península
(tagalo, cebuano, bisaya, tausug…), con lo que el tagalo suele ser el idioma
más utilizado cuando hablantes de lenguas distintas interactúan entre sí. Por
otra parte, el contacto continuo del chabacano con estas lenguas, además
de con el inglés, lo aleja cada día más de su base hispánica.

Sin perder de vista las limitaciones contables anteriores, se puede aven-
turar un número de hablantes de español en Filipinas tomando como referencia las únicas fuentes fiables de las que disponemos: hablantes nativos,
chabacanohablantes y personas que lo estudian o lo han estudiado como
lengua extranjera. Actualmente, hay contabilizados 5595 hablantes nativos de español, cifra que aglutina a los residentes extranjeros procedentes
de Hispanoamérica, especialmente de España, que nutre a este grupo con
más del 80 % de sus miembros.[10] Respecto a los hablantes de chabacano,

---

10 La cifra correspondiente a España es la aportada por el INE para 2020 (concretamente, 4476 personas). Las del resto de los países han sido extraídas del
   Censo de Filipinas de 2010.

su número fluctúa en una horquilla amplia, en función de las fuentes que consultemos. Así, el Ayuntamiento de la ciudad de Zamboanga, principal bastión de este idioma calcula que hay unos 308 000 hablantes de esta lengua,[11] con una tasa de utilización en el hogar del 47 %,[12] mientras que otras fuentes sitúan esta cifra cerca de las 700 000 personas. Quizás la realidad numérica de este grupo de hablantes se sitúe en un término medio entre estos dos extremos, que es precisamente el que ofrece el propio censo del país, que contabilizaba en 2010, 461 689 chabacanohablantes.

A los hablantes nativos y a los de chabacano habría que sumar también los 41 000 estudiantes de español que hay repartidos por todo el país y a los que se les puede suponer cierta competencia en español, si bien reducida en sus niveles más bajos. Pero el grupo de hablantes de español cuyo recuento entraña mayor dificultad es el integrado por aquellas personas que cursaron estudios universitarios antes de 1986, cuando aún era obligatorio completar doce créditos de esta lengua. La complejidad no reside tanto en su contabilización como en determinar su grado de conocimiento del idioma, que se antoja muy limitado en la mayoría de los casos, cuando no prácticamente nulo, debido a la falta de práctica del idioma, ya que es probable que muchos se hayan desvinculado de este por completo desde entonces. En cualquier caso, según la Comisión de Educación Superior de Filipinas, solo durante el curso académico 1985–1986, 1 730 000 estudiantes estaban matriculados en alguna de las universidades públicas o privadas que hay en el país. Esta cifra es muy superior a la que se registró durante el curso 1965–1966: alrededor de 527 000.[13] Tomando como referencia esta última cifra y teniendo en cuenta que la esperanza media de vida en Filipinas es de setenta años y que el estudiantado universitario se renueva de manera completa cada cuatro años, que es lo que dura el ciclo más largo, puede realizarse una estimación a la baja del número de estudiantes que cursaron las asignaturas de español en la Universidad entre 1971 y 1986 –y

---

11 Madrid Álvarez-Piñer 2018b: 136.
12 National Statistics Office 2000.
13 Citado en Philippines. Higher Education: https://education.stateuniversity.com/pages/1202/Philippines-HIGHER-EDUCATION.html

que ahora tendrían entre 55 y 70 años– que rondaría los cuatro millones de estudiantes.[14]

La suma de los colectivos anteriores arroja una cifra de filipinos familiarizados con el español superior a los 4,5 millones (el 4,2 % de la población), si bien la de aquellos que pueden utilizarlo de forma activa en su día a día solo rebasa ligeramente el medio millón (el 0,5 %). Fuera de esta contabilización quedarían, en cualquier caso, los hablantes de herencia, es decir, aquellos que han adquirido la lengua mediante la transmisión intergeneracional, con lo que la cifra total de hispanohablantes podría ser algo superior a la indicada, si se sumara este grupo de hispanohablantes que, en ausencia de un estudio pormenorizado que determine su magnitud, hoy permanece en la sombra.

1.5. El estudio del español: entre el desarraigo y la instrumentalidad

Desde que el estudio del español dejó de ser obligatorio en 1987, su enseñanza solo se ha mantenido en las universidades y en algunos centros privados. Salvo en aquellos ligados a España por motivos históricos, como es el caso de la Institución Povedana, la enseñanza del español brilla por su ausencia en la Educación Primaria del país. Asimismo, es más que probable que esta situación permanezca inalterada en el futuro, pues debido a la presencia de las distintas lenguas regionales y al papel de lengua vehicular que representa el inglés, nunca se ha contemplado la posibilidad de introducir la enseñanza de otras lenguas extranjeras en este nivel educativo.

Algo diferente es el panorama en la Enseñanza Secundaria, donde la oferta de español ha ido creciendo progresivamente en la última década gracias a la firma de sucesivos Memorandos de Entendimiento, en 2010 y 2012, entre los gobiernos español y filipino. Sin embargo, su presencia aún es prácticamente testimonial: durante el curso 2017–18, por ejemplo,

---

14 Eso en el supuesto de que el número de matriculados haya permanecido inalterable en las distintas promociones de estudiantes desde 1971 hasta 1986, algo harto improbable. Si se tomara en consideración un aumento gradual de las matrículas en centros de educación superior en ese mismo período, el número de antiguos estudiantes de español superaría los 5,5 millones de personas.

solo 11 000 de los casi seis millones de estudiantes de esta etapa educativa recibían clases de español.

La percepción que se tiene de la lengua española en el archipiélago ha mejorado considerablemente en los últimos años gracias a la labor de difusión realizada por las distintas instituciones españolas presentes en el país, pero sobre todo a la creciente demanda de este idioma en el ámbito profesional, ya que cada vez son más las empresas extranjeras que deciden externalizar parte de sus servicios de atención al cliente a este país. Este sector, que actualmente representa el 11 % del PIB filipino y cuya cifra de negocio ya supera a la de la India, tiene como perspectiva principal de su crecimiento futuro los mercados hispanoamericano y estadounidense, con lo que es probable que la demanda del español se vea reforzada en los próximos años. Esto es así no solo porque el español es la puerta de entrada natural en el mercado latinoamericano, sino también por la fuerte influencia de la cultura norteamericana que se observa en Filipinas, que está favoreciendo una toma de conciencia gradual por parte de su clase política y empresarial de la importancia del español en los Estados Unidos.

Desde la aprobación del último plan de estudios K-12, que comprende la enseñanza entre los siete y los diecinueve años, está prevista la incorporación gradual de los idiomas extranjeros a la oferta de los centros de educación secundaria en las ramas académica y de formación profesional. Persisten, sin embargo, algunos problemas organizativos y de financiación que no permiten la aplicación completa de dicho plan. En el caso del español, el principal es el de encontrar profesores cualificados para impartir esta asignatura en todos los niveles educativos (Galván 2006). La mayoría de ellos se forma gracias a acuerdos suscritos entre las autoridades educativas filipinas y sus contrapartes españolas con sede en el país: Ministerio de Educación y Formación Profesional, Instituto Cervantes, Agencia Española de Cooperación Internacional para el Desarrollo...

En el ámbito universitario, únicamente la Universidad de Filipinas incluye los estudios hispánicos dentro de su oferta de Grado, si bien el Ateneo de Manila también permite cursar un número considerable de créditos de español. También se observa un interés creciente por el español en carreras como Turismo, Relaciones Internacionales, Administración de Empresas e Historia. En este último caso, hasta se ha llegado a proponer la inclusión del estudio obligatorio del español, algo, por otra parte, lógico, puesto que hay infinidad de archivos históricos que están redactados en esta lengua. Y lo mismo ocurre con muchas fuentes actuales de información. De ahí que instituciones públicas como los Archivos Nacionales, la Biblioteca Nacional, la Comisión Nacional para el Arte y la Cultura o la Comisión de Derechos Humanos se hayan asociado con instituciones españolas para que su plantilla tenga la posibilidad de aprender español.

Capítulo II Las islas Marianas: del chamorro al inglés, pasando por el español

Antes de llegar a Filipinas, la primera expedición de circunnavegación del globo terrestre hizo escala en Guam, la mayor y más meridional de un conjunto de catorce islas situadas en el Pacífico norte y a las que su descubridor, el propio Magallanes, dio el nombre de *Islas de los Ladrones*. No fue, sin embargo, hasta 1568, tras la toma de posesión efectiva de las mismas por Miguel López de Legazpi en nombre del rey de España, cuando estas fueron rebautizadas con su nombre actual, en honor a la reina consorte, Mariana de Austria.

Situadas a medio camino entre Japón y Papúa Nueva Guinea, las islas Marianas forman parte de la cresta que cierra por el este al mar de Filipinas. Aunque geográficamente se definen como un archipiélago, hoy este se encuentra dividido en dos entidades políticas diferentes: la Mancomunidad de las Islas Marianas del Norte, uno de los dos estados libres asociados a los Estados Unidos, junto con Puerto Rico; y Guam, también bajo soberanía estadounidense, pero en calidad de territorio no incorporado. En ambos espacios, el chamorro es lengua oficial, junto con el inglés, si bien los normarianos tienen una tercera: el carolino, del subgrupo malayo-polinesio, al que también pertenece el chamorro.

Aunque el visitante que llega a la isla por primera vez enseguida se da cuenta de que el idioma más empleado en las islas Marianas es el inglés, el chamorro aún es hablado como lengua nativa por una parte considerable de su población, que lo conserva no solo como la lengua de sus ancestros, sino como un marcador identitario muy potente, cuyo rastro puede seguirse incluso fuera del archipiélago, por ejemplo, en las comunidades de inmigrantes de esta etnia que se han ido formando poco a poco en Estados Unidos, sobre todo en California, Hawái, Washington y Texas. Con todo, la mayor concentración de hablantes de este idioma se encuentra en Guam.

El chamorro aparece normalmente clasificado dentro del grupo de lenguas malayo-polinesio, perteneciente a la gran familia austronesia. Los elementos hispánicos que se evidencian en el chamorro actual no acaban, sin embargo, de cerrar el debate sobre su origen. Considerado en ocasiones como un criollo de base española, otros autores han sostenido, por el contrario, que la huella del español es muy reducida en el plano fonológico y gramatical, si bien reconocen una elevada presencia de léxico español, sometido a un proceso de chamorrización (Topping 1973: 6–7). Entre estas dos posturas, los estudios más recientes apuntan a que se trata de una lengua de carácter mixto, producto de una hibridación lingüística hispano-austronesia que habría empezado a consolidarse como lengua propia en la primera mitad del siglo XIX como consecuencia del contacto frecuente entre chamorros, marianos, filipinos, mexicanos y españoles. Sea como fuere, una cosa es cierta y es que alrededor del 50 % de los términos chamorros proceden directa o indirectamente del español, entendido este último en su extensión más amplia. En el nivel gramatical y fonético, también son numerosos los elementos de origen hispano que perviven en el chamorro actual. Algunos de estos rasgos lingüísticos llegaron al archipiélago directamente desde España. Otros de la mano de novohispanos que hicieron escala en el archipiélago en su viaje hacia Filipinas, país este último que también sirvió de tamiz para introducir en el chamorro un buen número de hispanismos, aparte de términos propios de algunas de sus lenguas autóctonas: tagalo, cebuano, pampango… (Rodríguez-Ponga 2018: 140–41). En la actualidad, la principal influencia que recibe el chamorro procede del inglés, no solo por el carácter oficial que tiene en el archipiélago y por ser la lengua de instrucción utilizada tanto en los centros de enseñanza públicos como en los privados, sino también por tratarse de la lengua internacional por excelencia. Ambos elementos favorecen un proceso de asimilación lingüística hacia la lengua mayoritaria de los hablantes de chamorro, a los que cada vez les resulta más difícil identificar la frontera que separa a ambos idiomas. Esto es especialmente cierto para las nuevas generaciones, que han crecido en un entorno marcadamente anglófono donde la cultura estadounidense impregna todos los ámbitos de la vida. Según el censo de los Estados Unidos de 2010, de los 145 069 guameños mayores de cinco años, 25 827 afirmaban hablar chamorro en casa. Sin embargo, este peso relativo supone una contracción de más del 20 % de la comunidad chamorra si se compara con las cifras del censo de 2000. Esta tendencia a la baja contrasta, sin embargo, con los 11 819 hablantes de chamorro que registraron las Islas Marianas del Norte en 2010, que representa un incremento de casi el 8 % de dicha comunidad en el mismo periodo de tiempo. En cualquier caso, la suma de hablantes de ambos territorios describe una tendencia global a la baja en el empleo de esta lengua de aproximadamente el 12 % en solo diez años.

A diferencia de lo que ocurre con el chamorro, que es hablado fluidamente por el 17,8 % de los guameños y por el 24,4 % de los normarianos, el inglés es utilizado, con distinto grado de competencia, por la práctica totalidad de los habitantes del archipiélago, ya que aquellos que manifiestan no hablar este idioma apenas llega al 1 %.

Por otra parte, la pérdida intergeneracional del chamorro en favor del inglés es un hecho incontrovertido. Esta parece estar produciéndose de forma rápida y, en cierto modo, enmascarada por la defensa de rasgos identitarios ligados a la lengua, pues el reducido número de jóvenes con edades comprendidas entre los 5 y los 32 años que en 2020 la hablaban con fluidez (4,5 %) contrasta con el elevado porcentaje de aquellos que afirmaban tener un conocimiento pasivo, siquiera mínimo, de la misma (80,4 %). De hecho, solo el 9,8 % utiliza habitualmente el idioma chamorro y tan solo el 2,6 % lo ha adquirido como lengua nativa (Kai y Bevacqua 2021), lo que hace pensar que las próximas generaciones apenas tendrán hablantes nativos de los que aprender el idioma de sus ancestros. El chamorro es, por tanto, una lengua en peligro de extinción.

2.1. Las primeras misiones españolas y el ocaso del imperio colonial

La fuerte influencia del inglés que acusa el chamorro actual es algo comprensible si se atiende a la historia más reciente del archipiélago. Al igual que en Filipinas, la presencia española finalizó en 1898 con la guerra hispano-estadounidense. Concretamente, el 10 de diciembre de ese año, cuando, en virtud del Tratado de París, España cedió definitivamente la isla de Guam a los Estados Unidos.

Sin embargo, las políticas lingüísticas implantadas por la administración norteamericana destinadas a imponer el inglés como lengua vehicular del archipiélago, en detrimento del chamorro, no han logrado borrar del todo su fuerte herencia española. Esto es evidente si se echa un vistazo, por ejemplo, a los nombres y apellidos de los gobernadores elegidos democráticamente en Guam durante los últimos cincuenta años: prácticamente todos ellos proceden del español, como es el caso también de Lourdes Aflague Leon Guerrero, la última persona en acceder a este cargo en 2019. No en vano, Guam fue el escenario en el que se produjo el primer encuentro entre europeos y habitantes de las islas de Oceanía, cuando la expedición de Magallanes y Elcano decidió hacer escala en esta isla. Del mismo modo, el primer habitante europeo del archipiélago fue también español, Diego de Vigo, miembro de la tripulación de la nave Trinidad, que decidió desertar cuando esta realizaba el viaje de regreso a América sin haber alcanzado su objetivo final debido a unos desperfectos en el casco de su nave. De hecho, su conocimiento de varias lenguas isleñas adquirido durante su estancia en el archipiélago, entre ellas el malayo, así como de las costumbres autóctonas, lo convirtieron en un gran activo para la expedición posterior de García Jofre de Loaísa, que recalaría en esa misma isla cinco años después, en septiembre de 1526.

Aunque 1521 fue el año en que los habitantes de la isla oyeron hablar por primera vez en español, su colonización propiamente dicha y, por extensión, la de todo el archipiélago no comenzaría hasta casi un siglo y medio más tarde, con la llegada de los primeros colonos, impulsada por la reina Mariana de Austria, esposa de Felipe IV, que encargó a Diego Luis de Sanvitores la evangelización de estos nuevos territorios de la Corona española. Este jesuita burgalés fue además el que escribió, en 1968, la primera gramática de la lengua común del archipiélago. Aunque, al principio, las relaciones entre los colonos y los habitantes no fueron conflictivas, como pone de manifiesto la conversión al catolicismo del cacique Quipuha, pronto surgieron las primeras revueltas y no fueron pocos los religiosos que perdieron la vida de manera violenta a manos de los nativos, entre ellos el propio Sanvitores. Así, hasta 1678, año en el que el gobernador de Filipinas estableció una guarnición permanente en Guam, no fue posible la llegada de nuevo de los misioneros, cuya presencia en este territorio se extendería de manera continua hasta 1899 (Sáinz Ramírez 1942).

Sanvitores ejerció una influencia decisiva en la fijación de la huella española en Guam. Su vocación misionera, unida a las buenas relaciones que mantenía con Madrid, hicieron que España se fijara por primera vez en unas islas cuya ocupación efectiva no era una prioridad para la corte. Al fin y al cabo, la Nao de China había estado cubriendo su ruta durante más de un siglo sin necesidad de una presencia permanente en la isla. De este modo, la evangelización puesta en marcha por Sanvitores y otros miembros de la Compañía de Jesús contribuyó en gran medida a integrar los elementos de la lengua y las costumbres españolas en la cultura chamorra (Rogers 2011: 53). Tras su muerte, el interés que comenzaba a mostrar España en el archipiélago mariano se diluyó gradualmente y no fue hasta la segunda mitad del siglo XVIII cuando este comenzó a recuperarse, avivado fundamentalmente por la actividad comercial y estratégica de otras potencias en el océano Pacífico. Este interés intermitente por parte de la Corona española explica en gran medida algunas características de la identidad chamorra al menos hasta la llegada de los estadounidenses: por un lado, los habitantes de las islas mantuvieron como su lengua principal de comunicación el chamorro, cuyas estructuras gramaticales permanecieron prácticamente intactas a pesar de incorporar muchas palabras españolas, al igual que filipinas y mexicanas; por otro lado, la estructura familiar típicamente chamorra, basada en el predominio de la línea materna, se adaptó a la cristiana, pero complementada por los denominados *compares,* «compadres», que recuerdan a los antiguos clanes (Rogers 2011).

Aparte de la presencia de religiosos españoles y novohispanos, las reformas agrícolas y ganaderas introducidas por el gobernador Don Mariano Tobías a partir de 1771, que incluían la creación de escuelas públicas y hasta de una pequeña milicia, también fueron decisivas para la hispanización de la población autóctona (Carano y Sánchez 1964). Asimismo, supusieron una dinamización económica de la isla, que poco a poco comenzaba a contemplarse no únicamente como un lugar de paso en la ruta Acapulco-Filipinas, sino como una posesión española con entidad propia. Con todo, la importancia estratégica de Guam en el pacífico como escala necesaria de la Nao de China siguió siendo indiscutible para la Corona española al menos hasta que México consiguió la independencia, en 1821.

Sin embargo, la ausencia de esta ruta regular entre Acapulco y Manila dejó a la isla en cierto modo desprotegida ante los caprichos de sus distintos gobernadores, que no siempre actuaban de la manera más recta en la gestión de los recursos insulares. Por ese motivo, en octubre de 1828, el gobernador general de las Filipinas, Mariano Ricafort Palacín y Abarca, envió al capitán Francisco Ramón de Villalobos a las Marianas para realizar un estudio exhaustivo de la situación del archipiélago. En su informe, no solo daba cuenta del mal estado de la economía local, sino que también ponía de manifiesto la existencia de una corrupción generalizada propiciada por su gobernador, que se había apropiado de caudales públicos destinados a otros fines y había monopolizado el comercio de la isla en beneficio propio, obligando a los nativos a trabajar en las plantaciones reales sin recibir nada a cambio (Huetz de Lemps 2006: 38; De la Corte 1875: 117). Consecuencia directa de este informe fue la promulgación, ese mismo año, del denominado *Reglamento Ricafort,* que, mediante sus doce artículos, venía a regular diversos aspectos de la vida económica y social de la isla con la finalidad de lograr su autonomía financiera como garantía para su supervivencia como territorio español, sobre todo después de haberse cortado la partida presupuestaria asignada a este territorio proveniente de la Nueva España. Aparte de favorecer una cierta dinamización económica mediante la distribución de las haciendas reales entre la población autóctona, se apostaba por liberalizar el comercio exterior (Fradera 2005: 232–38).

Ya como gobernador, Villalobos redactó otro informe en el que advertía del riesgo de que se produjera una revuelta alimentada por una alianza entre la población autóctona y los balleneros ingleses, que eran la fuente principal de ingresos que les quedaba a los gobernadores después de la aprobación del reglamento. En cualquier caso, el principal logro de Villalobos fue que consiguió contrarrestar la pérdida de ingresos generada por la Nao de China con una actividad económica basada en la agricultura que logró garantizar la presencia española en las Islas Marianas casi hasta final del siglo.

Por otra parte, la desaparición del Galeón de Manila no supuso ni mucho menos una pérdida de contacto con México. No hay que olvidar que buena parte de los españoles de Filipinas, los denominados *kastilas*, eran de origen mexicano. De este modo, el comercio entre Filipinas y México continuó en los años siguientes a la independencia, lo que, en algunos casos, exigía que las naves procedentes de Acapulco recalaran en Guam. Y eso siguió ocurriendo a pesar de la aparición de los primeros barcos de vapor, que reducían significativamente el tiempo del trayecto hasta Manila.

Fue este contacto permanente con la cultura hispana lo que, durante la primera mitad del siglo XIX, propició la consolidación gradual de una forma lingüística novedosa que, a pesar de encontrarse a caballo entre la mariana y la española, era percibida como algo diferente (Rodríguez-Ponga 2018: 141). Esta percepción fue concretándose durante la segunda mitad del siglo con la traducción, en 1865, de la *Gramática Chamorra* de D. Luis

Mata y Araujo a cargo del P. Fr. Aniceto Ibáñez del Carmen, a la sazón párroco de Agaña, que también publicó ese mismo año un *Diccionario español-chamorro*, ambas obras dedicadas a facilitar el aprendizaje del español en las escuelas de las islas.

La derrota en la guerra hispano-estadounidense puso fin a la presencia española en Guam, que, en virtud del Tratado de París, firmado el 10 de diciembre de 1898, se cedía a Estados Unidos, junto con Filipinas, Cuba y Puerto Rico. El resto de las posesiones españolas en las Marianas fueron vendidas al año siguiente a Alemania por una cantidad testimonial, junto con las islas Carolinas y Palaos. El control estadounidense de Guam permaneció ininterrumpido hasta el 13 de diciembre de 1941, fecha en la que Japón ocupó efectivamente la isla en el contexto de la guerra del Pacífico y no volvería a ser recuperada por Estados Unidos hasta la derrota japonesa, en agosto de 1944. Tras la finalización de la Segunda Guerra Mundial, la ONU estableció un Fideicomiso para las Islas del Pacífico que suponía la administración estadounidense de las Islas Marianas del Norte, así como de las Islas Marshall, las Carolinas y Palaos.[15] Este acuerdo suponía que la política exterior y de defensa eran responsabilidad de los Estados Unidos.

En 1950, Guam obtuvo un régimen de autonomía interna, al tiempo que a los guameños se les concedía la ciudadanía estadounidense, aunque no en los mismos términos que a los puertorriqueños y otros territorios no incorporados de Estados Unidos, algo que en la actualidad sigue provocando sentimientos encontrados entre la población, que se divide entre aquellos que defienden la independencia total, los que desean su transformación en un Estado Libre Asociado e incluso los partidarios de la creación de la unión con las Islas Marianas para crear un estado único. Por su parte, los normarianos decidieron, en 1970, no solicitar formalmente su independencia, sino estrechar aún más sus lazos con este país, que, en 1975, incorporaba este territorio como Estado Libre Asociado. La finalización del Fideicomiso en noviembre de 1986 supuso que tanto las Islas Marianas del Norte como Guam quedaran definitivamente vinculadas a los Estados Unidos con su estatus actual.

---

15 ONU 1947. https://undocs.org/es/S/RES/21%20%281947%29

La importancia estratégica del archipiélago y, más concretamente, de Guam volvió a ponerse de manifiesto recientemente en el contexto de la escalada de la tensión que se produjo entre Estados Unidos y Corea del Norte en 2017, cuando el presidente norcoreano Kim Jong-un llegó a amenazar con un hipotético ataque con misiles balísticos sobre la isla. Dado el estatus jurídico de Guam, esto supondría un ataque directo a los Estados Unidos, que cuenta con dos bases militares en la isla, una naval, en el sur, y otra aérea, en el norte, ambas bajo el mando de la Región Conjunta de las Marianas, y que constituyen la pieza clave de su presencia en el Pacífico.

2.2. La herencia española y el proceso de deschamorrización

La presencia española transformó la isla por completo. La merma de la población autóctona provocada en un primer momento por las enfermedades importadas y por los enfrentamientos con los nuevos colonos dio paso a un proceso paulatino de mestizaje que tuvo como resultado una cultura híbrida que permaneció casi inalterada hasta comienzos del siglo XX (Souder 1992). La identidad chamorra se empapó así de elementos hispanos en un proceso de mezcla similar al acontecido en otros sitios de América Latina o Filipinas, pero quizás de manera más intensa que en este último país, debido fundamentalmente al declive demográfico tan marcado registrado entre los nativos y a su menor dispersión geográfica (Rodao 1997).

La llegada de los americanos supuso un golpe para la identidad hispana de Guam y de las islas Marianas, que siguieron un curso parecido al filipino. La iglesia católica se había integrado en la cultura local del mismo modo que esta última había incorporado símbolos chamorros. Ir a misa no era únicamente un acto religioso, sino también social y no practicar la fe católica significaba apartarse de la comunidad. En este contexto, la lengua española era percibida como un elemento de prestigio y ampliamente utilizada como un marcador de estatus social. De hecho, la clase alta guameña siguió empleando parcialmente este idioma casi hasta la Segunda Guerra Mundial, ya fuera para demostrar su pertenencia a la élite social, ya por un cierto sentimiento de animadversión hacia los nuevos colonos (*ibidem*).

Por otra parte, la nueva administración estadounidense mostró desde sus inicios un deseo de acabar con el poder de los religiosos españoles. Una de las primeras medidas adoptadas por las nuevas autoridades insulares en

1899 fue la de hacer que los agustinos españoles abandonaran la isla, si bien los capuchinos permanecieron casi cuatro décadas más. Todos los religiosos españoles, vascos en su mayoría, hablaban chamorro y la nueva administración colonial tenía ciertos recelos no solo por el tipo de fe religiosa que predicaban, sino también por la clase de cultura que propagaban, más propia del sur de Europa (Thompson 1947: 186). Así, las presiones ejercidas por los propios capuchinos alemanes, por los protestantes, que nunca llegaron a contar con un número considerable de fieles en comparación con los católicos, e incluso por el poder político, que veía que la influencia religiosa en la isla era superior en ocasiones a la del propio gobernador, hicieron que los religiosos de origen español fueran sustituidos gradualmente por otros procedentes de Estados Unidos (Thomson 1947; Rodao 1997). Estos últimos adoptaron un enfoque que estaba en línea con la política lingüística de imposición del inglés diseñada por las autoridades, ya que al parecer no mostraron el mismo empeño que los religiosos españoles en aprender la lengua nativa, sino que adoptaron el inglés como la lengua vehicular desde el primer momento (Thomson 1947: 296).

En lo que al uso del español se refiere, quizá uno de los factores más determinantes de su declive desde la llegada de los norteamericanos fue la disminución considerable que registró la élite hispanohablante guameña como consecuencia de la epidemia que se extendió por la isla en los años veinte (Rogers 2011: 149). En cualquier caso, aunque un sector influyente de la población hablaba español, no puede hablarse de un uso del español como lengua franca durante la primera mitad del siglo XX.

Por otra parte, las medidas tomadas por los norteamericanos en contra del uso del chamorro también afectaron indirectamente al uso del español, ya que buena parte de los autodenominados hispanohablantes no eran capaces de identificar claramente dónde acababa el español y dónde empezaba el chamorro, con lo que preferían no utilizar esta lengua por miedo a recibir una sanción. Y esa frontera difusa entre ambas lenguas era percibida incluso con más intensidad por los propios estadounidenses.

En contraste con la flexibilidad lingüística mostrada por los españoles, la política lingüística desarrollada por los Estados Unidos fue inequívoca desde sus inicios. Los gobernadores dieron prioridad a incrementar el conocimiento del inglés en la isla, sobre todo entre la población más joven. Esa fue al menos la finalidad de la Orden General N.° 12 de enero de 1900, que pretendía ofrecer la enseñanza generalizada en lengua inglesa a todos los niños guameños. A pesar de lo ambicioso de la medida, la escasez de profesores angloparlantes cualificados hizo que su alcance fuera limitado. Otras disposiciones posteriores de la administración estadounidense también animaban a los habitantes de la isla a aprender el inglés como vía para garantizar su propia prosperidad. En todas ellas, el chamorro aparecía como una lengua manifiestamente inferior al inglés, que era contemplado como la lengua del progreso.

En 1904, la administración estadounidense puso en marcha las primeras escuelas donde la instrucción básica se hacía en inglés. Con todo, casi dos décadas más tarde, muchos escolares eran todavía incapaces de hablar inglés de manera fluida y el chamorro seguía siendo la lengua más empleada en el entorno familiar. Algo que se intentó enmendar con medidas coercitivas, como la quema de diccionarios chamorro-inglés y prohibiendo hablar chamorro en las aulas y en el patio del colegio. A mediados de los años treinta, el modelo educativo ensayado en la etapa de primaria se extendió a la educación secundaria con la apertura de los primeros institutos anglófonos, como el George Washington High School, si bien el número de estudiantes matriculados nunca fue muy elevado. Todas estas medidas no resultaron, sin embargo, muy eficaces. En la antesala de la Segunda Guerra Mundial, el chamorro seguía siendo el idioma mayoritario de la isla. De hecho, el congreso de Guam todavía celebraba sus sesiones en este idioma y muchos jóvenes chamorros aún tenían un conocimiento limitado del inglés.

Esto es en parte comprensible si se tiene en cuenta que, aparte de en la escuela, donde se hacía hincapié en el aprendizaje del inglés, la mayoría de los chamorros tenían poco contacto con la administración estadounidense. A esto es preciso añadir el hecho de que la educación solo era obligatoria hasta los doce años, con lo que muchos abandonaban la escuela con un conocimiento limitado de inglés, lengua que iban olvidando gradualmente a medida que se incorporaban a sus actividades normales, organizadas en torno a la iglesia católica, la ganadería y las obligaciones familiares. Con todo, para aquellos que decidían continuar el ciclo escolar, la regla del *English-only* se aplicaba de forma estricta, con sanciones específicas para aquellos alumnos que utilizaban el chamorro.

En cualquier caso, en los años treinta, la cultura estadounidense ya había penetrado sigilosamente en la chamorra a través del cine y la música estadounidenses y la lengua indígena incorporaba no pocas palabras del inglés, en detrimento de algunos vocablos procedentes del español que ya estaban asentados. Justo antes del inicio de la guerra, ya era posible escuchar conversaciones en inglés entre interlocutores exclusivamente chamorros y el hecho de no hablar inglés comenzó a verse como una limitación dentro de la propia comunidad. Si se quería acceder a un puesto de docente, sanitario o policía, era preciso dominar el inglés. Y esta tendencia se aceleró significativamente tras la contienda bélica: cualquier puesto en la administración requería el dominio del inglés (Clement *s. d.*).

2.3. La educación: entre el adoctrinamiento lingüístico y la reivindicación

A lo largo de la historia colonial de Guam, tanto españoles como estadounidenses, e incluso japoneses, se esforzaron por imponer sus sistemas de valores y creencias a los chamorros. Si bien los métodos utilizados por cada uno de ellos difieren en cuanto a la forma, al ritmo y a la intensidad de su aplicación, un elemento subyace a todos ellos: la importancia de la educación como vía principal para su transmisión. En este sentido, el aprendizaje de las distintas lenguas coloniales por parte de la población nativa se veía como una prioridad, ya que, para que esta se produjera de manera efectiva, primero había que establecer un canal de comunicación válido.

En el caso del español, el enfoque hacia su aprendizaje fue mucho menos impositivo que el observado en las otras lenguas coloniales. A diferencia de los docentes japoneses y estadounidenses, los españoles, religiosos en su mayoría, sí que se preocuparon por aprender chamorro, en parte para transmitir mejor sus conocimientos a la población autóctona, en parte para garantizarse un control sobre los asuntos insulares, ya que eran pocos los colonos que conocían este idioma. Con todo, la rentabilidad social y económica que reportaba saber español era sin duda un fuerte incentivo para su aprendizaje. Al igual que lo que ocurrió con el inglés y con el japonés durante el siglo XX, hablar español fluidamente garantizaba el acceso a un puesto de trabajo muy bien remunerado y a un estatus social más elevado.

Esta imposición de baja intensidad permitió que el español penetrara lentamente en la sociedad chamorra, empapando su lengua autóctona de elementos hispánicos que se han ido transformando y consolidando a lo largo de los siglos. De este modo, las políticas públicas puestas en marcha en los últimos años con el fin de recuperar y conservar la lengua autóctona pueden acabar beneficiando indirectamente a la preservación de la huella lingüística española, ya que, a diferencia de lo que ocurre con el inglés, que es contemplado como un idioma totalmente diferente, a pesar de la fuerte influencia que tiene hoy día sobre la lengua local, el elemento hispánico está tan integrado en el chamorro actual que resulta casi imposible percibirlo como algo ajeno.

La educación jugó un papel crucial en la introducción del catolicismo a los chamorros. La llegada de los españoles y su celo misionero tuvo como resultado la lenta desaparición del *guma' uritao*, un primitivo sistema educativo existente en la isla antes de la llegada de los colonos que servía de canal de transmisión de la lengua y las costumbres chamorras a las nuevas generaciones. En su lugar, se abrieron las puertas de la primera institución educativa extranjera de la isla, el Colegio de San Juan de Letrán. Fundada en el siglo XVII por el padre Diego Luis de Sanvitores, la escuela acogió en un primer momento únicamente a los hijos de los jefes de las principales regiones. También se creó una escuela especial femenina, la Escuela de las Niñas. Esta separación educativa en función del sexo no solo venía a imponer los valores católicos al uso, sino que también socavaba uno de los pilares fundamentales del *guma' uritao*, que incluía entre sus enseñanzas las prácticas sexuales correctas (Lujan s. d.). En este sentido, la escuela cumplió uno de sus objetivos principales, que era precisamente despojar a los niños chamorros de sus instituciones nativas y adoctrinarlos para que pudieran servir como valiosos ayudantes en el trabajo de los misioneros. Fue, por tanto, en este contexto educativo donde se produjo el primer trasvase del caudal lingüístico hispánico hacia la lengua chamorra, algo que acabaría produciéndose después en los distintos ámbitos sociales.

Si bien la enseñanza del idioma español sirvió a los intereses de la Iglesia Católica, cabe señalar que esta siempre mostró un gran empeño en la adquisición del idioma chamorro. Sanvitores, por ejemplo, llegó aprenderlo e incluso lo utilizó para predicar y enseñar. A lo largo de los siguientes 200 años, este empeño de Sanvitores sería continuado por otros sacerdotes, jesuitas en un primer momento, agustinos recoletos a partir de 1769, capuchinos más adelante. A principios del siglo XX, por ejemplo, el sacerdote capuchino español Román de Vera escribió un diccionario y una gramática chamorros para que los nuevos misioneros pudieran iniciarse en la lengua de los isleños. Asimismo, tradujo al chamorro un buen número de libros, oraciones y novenas, lo que facilitaba que los nativos se reunieran en grupos para rezar. En la actualidad, los habitantes de las islas aún celebran las *nobenas*, especialmente la que tiene lugar antes de Navidad.

La llegada de los estadounidenses en 1898 supuso un cambio radical en el enfoque lingüístico adoptado por los españoles, tanto en el ámbito religioso como en el educativo. El presidente William McKinley estableció un Gobierno Naval en Guam que duraría hasta 1950, a excepción del período de ocupación japonesa, entre junio del 1941 y agosto del 1944. Dicho gobierno no tardó en diseñar un programa educativo destinado a la formación de la población nativa, cuyo pilar principal era el aprendizaje del inglés.

Si las políticas educativas introducidas por Estados Unidos supusieron un duro golpe para la continuación del aprendizaje y consolidación de la cultura hispánica en el archipiélago, la invasión de los japoneses fue otra vuelta de tuerca para la población nativa, que comenzaba a acostumbrarse a recibir influencias culturales de la potencia extranjera de turno, sin haber adoptado una postura clara sobre la necesidad de proteger su lengua y su cultura, algo por otra parte muy difícil, dado lo reducido de su población y su escasa capacidad económica. Al igual que los Estados Unidos, Japón se apresuró a ejercer el control sobre la isla imponiendo para ello su lengua y su cultura. Tan pronto como llegaron, el ejército imperial japonés y la unidad de ocupación pusieron en marcha un programa educativo que empleaba el japonés como lengua vehicular. Los niños de entre 7 y 16 años se reunían en las respectivas escuelas de los distritos periféricos y de Agaña y se les enseñaba este idioma de memoria, junto con otras tradiciones niponas. Las autoridades japonesas incluso llegaron a abrir un internado para hombres y mujeres adultos donde se les enseñaba la lengua y costumbres japonesas a fin de que pudieran trabajar para su administración. Sin embargo, los bombardeos estadounidenses dieron al traste con sus proyectos colonizadores en 1944.

Si el barniz japonés que recibieron la cultura y la lengua chamorras supuso un estrato más en la desaparición de la herencia española, la vuelta de los estadounidenses en el contexto de un nuevo orden mundial asestó el golpe de gracia definitivo a la percepción de lo español. Del mismo modo, la cultura y la lengua chamorra, impregnada como estaba de elementos hispánicos, también comenzó a americanizarse, sin haber creado instrumentos educativos y políticos para su preservación.

El patrón de desalentar el uso del idioma chamorro continuó con el nuevo gobierno estadounidense de Guam. En los colegios, las oficinas y los edificios públicos se veían con frecuencia carteles que rezaban: *Speak English Only*. Esta política de imposición contribuyó a crear un vínculo directo entre el aprendizaje de la lengua y el ascenso social y pronto surgió una pequeña élite chamorra que había conseguido acceder a los mejores puestos simplemente porque sabía leer y escribir en inglés.

Al celo de los nuevos administradores por incentivar el uso de su lengua es preciso añadir las suspicacias de la propia comunidad chamorra sobre la necesidad de aprender su propia lengua en las escuelas. Incluso algunos directores de centros educativos en los que se impartían clases de chamorro se mostraron reacios a hacer del chamorro una asignatura obligatoria y es que, acostumbradas como estaban las últimas generaciones a recibir la instrucción en una lengua extranjera, en detrimento del chamorro, muchos padres cuestionaban la utilidad de que sus hijos aprendieran una lengua tan minoritaria. Una opinión similar cundía en el mundo académico guameño, donde algunos sectores cuestionaban el currículo escolar en lengua chamorra en un mundo globalizado donde el inglés era la lengua de comunicación científica por excelencia. Y a esa resistencia se sumaron también los medios de comunicación, anglófonos en su mayoría. Ese es el caso del único diario que se publica en la isla, el *Pacific Daily News*, que anunció que solo publicaría anuncios en otras lenguas si estos iban acompañados de su correspondiente traducción al inglés, lo que provocó una seria protesta por parte de los defensores del chamorro.

La resistencia a la introducción del chamorro está estrechamente ligada a la aparición de una nueva mentalidad colonial forjada sobre valores importados, que normalmente eran contemplados como superiores a los indígenas. En este proceso, la lengua representó un papel crucial, pues, tras décadas de americanización, muchos chamorros se sentían inseguros al hablar su propia lengua y veían en su reintroducción una pérdida de derechos adquiridos por parte de los que habían apostado decididamente por el inglés como vía para acceder a los mejores puestos. Fue a partir de los años ochenta, en un contexto mundial en el que la idea del multiculturalismo comenzaba a ganar adeptos entre los ideólogos estadounidenses, en detrimento del tradicional *melting pot*, cuando el movimiento en defensa de la presencia institucional del chamorro empezó a fortalecerse (Lujan s. d.).

La nueva toma de conciencia de los legisladores estadounidenses sobre las diferencias étnicas y culturales de su población tuvo como resultado la aprobación de diversas leyes federales destinadas al entorno docente, lo que permitió a los responsables educativos de Guam actuar de forma más decidida en defensa de su lengua nativa.

En 1977, se aprobó la Ley Pública 14–53, que hacía obligatoria la enseñanza de chamorro en todas las escuelas primarias públicas. Dentro del Departamento de Educación, el programa original de lengua y cultura chamorra dio paso a la División de Investigación y Estudios Chamorros. En la Universidad de Guam, se ofreció instrucción en el idioma chamorro a los estudiantes y maestros que lo solicitaban, en el marco del programa *Teacher Corps*. Un cambio de tendencia parecido se observó también en la radio y la televisión, que aumentaron su programación en lengua chamorra. Asimismo, esta sensibilización hacia la lengua y la cultura chamorras obligó a cambiar la postura del *Pacific Daily News*, que comenzó a admitir anuncios en chamorro sin su traducción al inglés, al tiempo que incluía contenidos diarios redactados en chamorro. Incluso llegó a crear la tira cómica Juan Malimanga, que tenía como protagonista a la conocida figura del folclore chamorro y que después se utilizaría como soporte para publicar lecciones de chamorro en el mismo periódico.

Por otra parte, la creación de eventos como la Semana Chamorra en los años setenta, más adelante transformada en el *Mes Chamoru*, dan cuenta de la importancia actual de la cultura nativa y de patrimonio heredado. De hecho, uno de los principales acontecimientos que se realiza durante esta celebración, que viste al mes de marzo de flores y motivos culturales, es la representación teatral que se realiza con motivo del Día del Descubrimiento en Umatac, al sur de la isla de Guam, de la llegada las naves de Magallanes y Elcano.

Sin embargo, a pesar de las numerosas acciones que se han llevado a cabo para recuperar la presencia del chamorro en la educación y extender así su uso en todo el entramado institucional guameño, aún se observa cierta reticencia en los colegios de la isla e incluso en la Universidad. Aunque su estudio está incluido por ley en todos los niveles educativos, el número de horas que se dedica al estudio de esta lengua es aún muy reducido.

2.4. Estrategias en defensa del chamorro

La decidida política de asimilación lingüística iniciada por los Estados Unidos, unida a cierta indolencia por parte de los representantes nativos, hicieron que la cultura y lengua locales se americanizaran fuertemente y que los propios chamorros comenzaran a contemplar su propia cultura como algo inferior en comparación con la de los nuevos administradores de la isla. A ello contribuyeron sin duda medidas como la adoptada en 1917 por el gobernador estadounidense, Roy C. Smith, que establecía el inglés como el idioma oficial de la isla, prohibiendo así el uso de chamorro, salvo para las interpretaciones oficiales. En 1922, la Administración Naval de los Estados Unidos intensificó dichas medidas, llegando a erradicar el uso del chamorro en el sistema escolar e incluso a quemar muchos de los diccionarios de chamorro que aún quedaban del período español (Taitano s. d.*b*).

La erosión del idioma chamorro fue más intensa en Guam que en Saipán y en el resto de las Marianas, que no renunciaron totalmente al uso de este idioma en su sistema educativo hasta los años sesenta. De hecho, hasta la Segunda Guerra Mundial, Saipán siguió enseñando chamorro escrito en sus escuelas, utilizando las convenciones gramaticales establecidas por el padre Aniceto Ibáñez del Carmen en su diccionario español-chamorro de 1865. La desaparición de esta lengua del sistema educativo, sin embargo, llevó aparejada una toma de conciencia sobre la necesidad de preservar y reivindicar el uso de la lengua chamorra.

En 1964, se creó la Comisión del Idioma Chamorro (*Kumision I Fino' Chamorro*) como autoridad competente para el diseño y puesta en marcha de políticas lingüísticas destinadas a proteger el idioma chamorro en Guam. Si bien la comisión recibió el encargo de elaborar un diccionario chamorro-inglés actualizado que nunca llegó a finalizar, sí que resultó muy útil en su tarea principal: la de describir y fijar el idioma en su forma escrita. Y esta misma preocupación cundía en el resto del archipiélago, como pone de manifiesto la actividad llevada a cabo por el Comité de Ortografía de las Marianas.

La aparición de estas dos instituciones coincidió en el tiempo con las investigaciones sobre el idioma chamorro que el estudioso Donald Topping estaba realizando en Guam, Rota, Tinian y Saipan y que darían lugar a la publicación de un diccionario, una gramática y un libro de texto, obras todas ellas que siguieron los criterios ortográficos fijados por la Comisión en 1971 y que han sido adoptadas como soporte para la enseñanza del chamorro actual en casi todos los centros educativos.

Por otra parte, en 1983, fue aprobada una ley que encargaba a la comisión la elaboración y adopción de una ortografía estandarizada con la finalidad de que fuera utilizada por todas las instancias gubernamentales, al tiempo que facultaba a la comisión para regular el uso correcto de la lengua en la fijación de los topónimos guameños y de los nombres de las calles, habilitando para ello una partida presupuestaria independiente.

Quizás uno de los elementos que mejor refleja lo enraizada que aún está la cultura chamorra entre los habitantes de la isla y la toma de conciencia política respecto a su idioma es la controversia que surgió a raíz del intento de la comisión de cambiar la denominación de la propia lengua de *chamorro* a *chamoru* a fin de que esta se ajustara a las nuevas reglas ortográficas. A pesar de que la decisión estaba avalada por la opinión de reputados lingüistas y de que la comisión era la autoridad competente para adoptarla, la oposición que generó dicho cambio obligó a acoger de nuevo la denominación anterior, si bien de forma velada, como anexo de una ley para impedir la realización de grafitis (Taitano s. d.).

El prestigio internacional adquirido por la comisión de la lengua chamorra a lo largo de sus treinta años de existencia se topó con la oposición de buena parte de la población indígena, que veían en dicha estandarización un ataque hacia su propia cultura oral. Así, en 1999 se aprobó una nueva ley que ponía fin a las actividades de la comisión, que pasaba a formar parte del recién creado Departamento de Asuntos Chamorros, si bien con unas responsabilidades en materia lingüística mucho más reducidas. Hoy día, Guam no dispone de una grafía chamorra oficial. Sin embargo, como ocurre en el resto del archipiélago, la ortografía creada por Topping está ampliamente extendida entre los alumnos y los estudiosos de la lengua.

Además del currículo oficial del propio sistema educativo guameño, otros esfuerzos para promover y fomentar el idioma incluyeron las clases de chamorro en la televisión pública, la creación de programas infantiles, así como los boletines informativos diarios.

2.5. El chamorro hoy

El empleo del chamorro en el gobierno y la administración marianos es muy limitado en comparación con el del inglés, si bien aún tiene un uso residual. Como lengua cooficial que es, suele ser demandado, implícita o explícitamente, para cubrir algunos puestos de relevancia, como el de gobernador, rector de universidad, etc.… Además, las políticas públicas de recuperación de la lengua y la cultura chamorras impulsadas en los últimos años han hecho que gran parte de la documentación generada en inglés tenga que traducirse luego al chamorro, con la consiguiente contratación de traductores e intérpretes. Por otra parte, desde que el archipiélago pudo elegir a sus propios gobernadores, la clase política ha estado integrada en su mayoría por chamorros (Rodríguez-Ponga 2018: 148), lo que contribuye a dar cierta continuidad a estas políticas. Pero la presencia del chamorro en las instancias políticas y administrativas es más una cuestión jurídica que real. En la práctica, las reuniones, deliberaciones y procedimientos tienen lugar en inglés y el empleo del chamorro brilla por su ausencia.

A diferencia de lo que ocurre en la vida política y administrativa, el ámbito educativo constituye el principal pilar para la preservación de la lengua y la cultura chamorra. Su estudio es obligatorio tanto en primaria como en secundaria, si bien con una carga de horas muy reducida en comparación con las dedicadas a otras materias. Esta obligatoriedad desaparece en la educación superior del archipiélago, donde el chamorro solo se exige en ciertas ramas dedicadas precisamente al estudio de la lengua autóctona en particular o a la cultura micronesia en general. Fuera de estas especialidades, el chamorro únicamente tiene un valor simbólico en la universidad. En torno al mundo de la enseñanza, han surgido iniciativas para promocionar la educación bilingüe en el archipiélago mariano y en otras islas del pacífico. Tal es el caso de la Pacific Islands Bilingual Bicultural Association (PIBBA) que celebra encuentros anuales desde hace cuatro décadas y cuya misión es utilizar la escuela como plataforma para la defensa de la lengua chamorra, ante el descenso observado de su uso en el entorno doméstico (Salinas 2016).

Aparte del currículo oficial de las distintas etapas educativas, algunos centros de enseñanza también ofrecen cursos de chamorro destinados al resto de los habitantes de las islas, como es el caso del Northern Marianas

College, de Saipán, o el Guam Community College (Rodríguez-Ponga 2018: 152).

Con la finalidad de promocionar el uso correcto de la lengua entre las generaciones más jóvenes, así como de unificar los métodos de enseñanza utilizados, la Universidad de Guam organiza, además, una competición anual de chamorro, la *Inacha'igen Fino' Chamorro*, a la que acuden estudiantes procedentes de distintas escuelas del archipiélago (*kuamnews* 2017).

En cuanto a los medios de comunicación, la presencia del chamorro es meramente anecdótica. Aparte de la ya mencionada tira cómica que se publicaba en el principal periódico de Guam, el *Pacific Daily News,* no hay diarios, ni apenas blogs, que dediquen espacio a esta lengua. En lo que a la radio se refiere, resulta casi imposible encontrar programas en chamorro, si uno escucha las principales emisoras del archipiélago. Con todo, la guameña Isla 63 – KUAM[16] y la KKMP[17], situada en Saipán, todavía ofrecen música chamorra como parte de su programación. Y lo mismo ocurre con los canales de televisión: su contenido es totalmente anglófono, salvo algún espacio puntual, como es el caso de *Nihi! Kids,* un programa educativo basado en la cultura y lengua chamorra dirigido al público más joven (Salinas 2016).

El ámbito religioso también sirvió durante un tiempo como plataforma para la expresión de la lengua, a través de su prensa. Aunque con un alcance reducido, esta siempre dio cabida a artículos y textos en chamorro. Pero esto solo ocurrió mientras los obispos de las principales diócesis del archipiélago eran de origen chamorro y no estadounidense o filipino, como ocurre en la actualidad (Rodríguez-Ponga 2018: 152).

En la actividad empresarial del archipiélago, el empleo del chamorro está circunscrito a su propia comunidad de hablantes. No obstante, es preciso añadir que no es habitual que los intercambios comerciales se realicen únicamente entre empresarios o profesionales que dominen esta lengua, con lo que la mayoría acaban realizándose en inglés. Esta última es, además, la lengua que regula las relaciones contractuales oficiales, que prefieren utilizar una lengua jurídica sólida de referencia, con una jurisprudencia y

---

16 https://streema.com/radios/Isla_63_KUAM
17 https://tunein.com/radio/KKMP-1440-s152947/

terminología consolidadas, en lugar de decantarse por la incertidumbre que supondría redactar los contratos en chamorro, donde el corpus de términos especializados es mucho más limitado o directamente inexistente. En lo que se refiere al comercio minorista, más allá de los nombres chamorros de algunas tiendas y restaurantes que pretenden servir de reclamo turístico, este suele articularse en torno al inglés.

Donde sí se deja sentir aún con fuerza la tradición chamorra e incluso la herencia española es en muchas de las celebraciones religiosas, que incluyen rezos en chamorro y, en ocasiones, hasta en español y que suelen estar aderezadas con música tradicional en la lengua autóctona (Rodríguez-Ponga 2018: 155).

El dinamismo económico que muestra la comunidad chamorra ha favorecido, además, la formación de algunos grupos empresariales, como el Joeten Enterprises, un *holding* familiar que incluye desde supermercados hasta promociones inmobiliarias y que está presente en casi todo el archipiélago. Por su parte, el Bank of Guam (BoG), fundado en 1972, presta en la actualidad servicios de banca comercial y de inversión en el archipiélago mariano y en otras regiones de Micronesia, como Palaos, las Islas Marshall o los Estados Federados de Micronesia. En cualquier caso, esta actividad empresarial no lleva aparejado un uso de la lengua chamorra, ya que el inglés es la lengua vehicular en todas las transacciones comerciales, muchas de las cuales son con Estados Unidos. De hecho, el propio BoG cuenta con una sede en San Francisco (*ibidem*: 158).

Capítulo III   Estados Unidos: de la historia compartida a los hablantes de herencia

La situación del español en Estados Unidos llama la atención no solo por el elevado número de personas que lo hablan, sino por lo imbricada que está la cultura hispánica en una sociedad que se define a sí misma como mayoritariamente anglófona. El legado inmaterial del que la lengua española es portadora se manifiesta en los principales símbolos del país: seis estados incluyen referencias a la época española en sus banderas y es habitual encontrar alusiones a España en muchos de los sellos y escudos de armas de algunas entidades públicas y privadas (Güenechea Rodríguez 2019: 4). El símbolo por excelencia del país, el del dólar americano, heredó su diseño en 1775 del real de a ocho, conocido como "Hispanic dollar", y sus dos barras características simbolizan las barras de Hércules, que también figuran en el escudo de España actual, al igual que la banda con el lema latino "Plus ultra", que pasó al dólar en forma de "S" (*ibidem*: 22). Otras presencias hispánicas, aunque foráneas, apenas se sienten actualmente como ajenas, porque han pasado ya a formar parte integrante de los usos y costumbres del país, como es el caso de la piñata, que no suele faltar en los cumpleaños de los niños estadounidenses, o los tacos mexicanos, cuyo consumo iguala hoy día al del legendario perrito caliente. Pero si hay un espacio donde la huella hispánica es especialmente evidente, ese es el de la toponimia. Estados como California, Colorado, Florida o Nevada, aún conservan el nombre español con el que fueron bautizados. Otros son derivaciones de palabras españolas, como es el caso de Montana (*montaña*), o el resultado probable de la castellanización de su denominación indígena realizada por los primeros exploradores, como ocurriría con Arizona y Oregón. Y lo mismo se observa en unidades administrativas inferiores, como condados o municipios, cuyos topónimos de origen hispánico se cuentan por millares, distribuidos por todo el territorio estadounidense, incluso en aquellas zonas donde la presencia española fue menor (*ibidem*: 6–10).

A la fijación de este acervo cultural heredado ha contribuido de manera decisiva la presencia y el uso continuados del español, que se ha consolidado como un elemento más de la vida diaria de los estadounidenses. Incluso en aquellas regiones con una menor concentración de población hispana, no es difícil escucharlo por las calles, leerlo en los carteles publicitarios o encontrarlo en programas de radio y televisión. En ciudades como Miami, Los Ángeles y Nueva York, el porcentaje de población hispanohablante es tan elevado, que ya hace tiempo que desaparecieron de las tiendas los carteles que indicaban "se habla español", porque todo el mundo da por hecho que siempre habrá uno o varios empleados que puedan atendernos en este idioma.

Los sociólogos suelen dividir a esta población de origen hispano en tres categorías: los de primera generación, es decir, aquellos nacidos en algún país hispanohablante, especialmente en Centroamérica y el Caribe; y, por otro lado, los de segunda y tercera generación, que son los hijos y nietos, respectivamente, de los anteriores y que han nacido en los Estados Unidos. A ellos habría que añadir, además, algunas poblaciones cuyo origen no está vinculado a la migración, como es el caso de algunos enclaves antiguos situados en Nuevo México, donde los hablantes de español que hoy residen allí recibieron este idioma mediante una transmisión intergeneracional ininterrumpida desde sus antepasados hispanohablantes, que poblaban esa tierra cuando aún formaba parte del territorio mexicano (Otheguy 2019). Conviene señalar, no obstante, que, en lo que a la transmisión de la lengua entre las distintas generaciones se refiere, se aprecia un cambio claro hacia el uso del inglés, en detrimento del español, que pasa de tener un uso preferente en las primeras generaciones a secundario en las terceras (Zentella,1997).

La población hispana de los Estados Unidos posee unas peculiaridades sociolingüísticas propias que determinan el empleo que esta hace del español. Salvo raras excepciones, el plano fonológico y léxico-estructural muestra rasgos muy similares al del lugar de procedencia de sus hablantes de primera generación (Escobar y Potowski 2015). Con el paso del tiempo, las variedades dialectales importadas se han visto influidas, en mayor o menor medida, por la lengua mayoritaria de la sociedad de destino, el inglés, así como por otras variedades del español. Esto último es especialmente evidente en grandes ciudades, como Nueva York o Los Ángeles, donde hace tiempo que se constató una adaptación mutua entre los hispanohablantes con orígenes distintos en un fenómeno de convergencia lingüística que los expertos han denominado nivelación interdialectal (Otheguy y Zentella 2012; Parodi 2014). Esta confluencia entre los caudales lingüísticos de las distintas variedades del español hace que, en ocasiones, un uso lingüístico acabe ganando terreno frente a otro, como ocurre en Houston, donde el tuteo mexicano se está imponiendo, poco a poco, al voseo centroamericano, o en Boston y Nueva York, donde la frecuencia en el uso de pronombres y la intensidad de la -s final varían, en función de cuál sea el grupo de contacto mayoritario o socialmente mejor situado: caribeño, mexicano, ecuatoriano, colombiano… En el entorno doméstico también se observa una adaptación de los repertorios lingüísticos en el seno de parejas hispanohablantes de distinta procedencia. Aquí, la variedad hablada por la mujer suele prevalecer sobre la del hombre (Otheguy 2019: 10).

Pero quizás la variable que más ha influido en el español hablado en los Estados Unidos es, precisamente, su contacto continuo con el inglés, que ha aportado a esta habla numerosos elementos léxico-estructurales: *lonch* significa 'almuerzo', *van*, 'camioneta', *ojalá que venga,* 'ojalá que viene'. Gran parte de estos elementos se asemejan a lo que un traductor meticuloso denominaría falsos amigos y que los hispanohablantes estadounidenses, bilingües en su mayoría, no perciben como tales, pues forman parte de su repertorio lingüístico cotidiano: *acta* significa 'ley', *agencia,* 'organismo gubernamental', *elegible,* 'que reúne los requisitos'. Aunque la utilización de muchas de estas voces procedentes del inglés se produce únicamente de manera puntual, cuando el hablante bilingüe recurre al vocabulario que tiene más a mano, el uso comunitario de algunas de ellas se ha consolidado con el tiempo hasta adquirir la categoría de préstamos, como ocurre con *jáiscul* que significa 'instituto'; *jon,* 'residencia de ancianos', o *lánlor,* 'casero', que se oyen habitualmente en boca de hablantes monolingües de español. En cualquier caso, una cosa es cierta, y es que, al igual que ocurre en muchos otros países de habla hispana, como Paraguay, México y Uruguay, que beben de sus indígenas para la formación de sus localismos más llamativos, los vocablos o locuciones privativos del español de los Estados Unidos suelen tener una etimología extrahispánica (Otheguy 2019: 11–12).

Además de la incorporación de palabras procedentes del inglés, el habla de los hispanounidenses utiliza con frecuencia frases enteras en inglés.

Independientemente de si esta forma de hablar encaja o no dentro de lo que los lingüistas denominan cambio de código, lo cierto es que en las prácticas orales informales de los hablantes hispanos bilingües se observa con frecuencia un respeto a las reglas gramaticales tanto del español como del inglés (Zentella 2016), fenómeno este último que, sobre todo fuera del ámbito hispanohablante de los Estados Unidos, se conoce como *espanglish*. Desde su aparición a finales de los años cuarenta del siglo pasado, este término se ha venido utilizando de manera informal, y en gran medida peyorativa (Zentella 2016; Otheguy y Stern 2010), para describir la forma de hablar de buena parte de las personas de herencia hispanohablante que viven en Estados Unidos. Se trata de un habla caracterizada por el uso alterno del español y del inglés, con una fuerte influencia de esta última lengua sobre la primera, que se manifiesta en el uso de léxico y estructuras gramaticales procedentes del inglés y hasta de expresiones inglesas traducidas de manera literal. El término surge, por tanto, para definir un nuevo uso del español que, aunque incorpora elementos de las distintas variedades del español, no encontraba fácil acomodo en ninguna de ellas.

Hasta qué punto puede considerarse a esta nueva forma de hablar una variedad independiente del español dependerá, en gran medida, de qué entendamos por *variedad*. Si, con Wardhaugh (2000), definimos esta última como un conjunto de rasgos que se repiten en la forma de hablar de un grupo de personas definido como tal por un factor externo a la lengua que lo aglutina –como la geografía, la edad, la raza, etc.–, el *espanglish* podría considerarse una variedad. Esto es así porque en el habla de los hispanos estadounidenses que han crecido en hogares donde el español era la lengua más utilizada pueden identificarse rasgos comunes que la diferencian de otras variedades, como la mexicana, la caribeña o incluso del "español estándar". Es decir, un entorno doméstico hispanohablante es el factor externo que invita a considerar al *espanglish* como una variedad en sí misma.

Más controvertido aún resulta el supuesto de considerar al *espanglish* como una lengua, entendida esta última como una construcción social. Aunque no existe un criterio uniforme para definir dónde acaba un dialecto y dónde empieza una lengua, algunos lingüistas (Bell 1976) sí que han enumerado algunos rasgos del *espanglish* observables en la mayoría de las lenguas: la existencia de normas de facto y de un cierto grado de

estandarización, la percepción de pureza (ausencia de mezcla) por parte de
sus hablantes, la autonomía y vitalidad con respecto a otros idiomas y la
continuidad en el tiempo de su comunidad de habla, así como su resistencia
a la desaparición.

Con independencia de las etiquetas que se le pongan al español hablado
en Estados Unidos, el mundo académico parece coincidir en que su mani-
festación adquiere formas muy diversas y, por tanto, no puede hablarse de
un prototipo de variedad estadounidense propiamente dicho. Con todo,
las situaciones que vive esta lengua en los Estados Unidos, muy similares a
las observadas en otros países hispanohablantes, quizás pueda arrojar algo
de luz sobre la probable existencia de un español *de* los Estados Unidos
(Moreno Fernández 2019: 219).

3.1. Hacia la fijación de la frontera hispánica

El primer hispanohablante en alcanzar las costas de lo que hoy son los
Estados Unidos fue el español Juan Ponce de León en 1513. A él le debe-
mos topónimos tan conocidos como Puerto Rico o Florida. Tras llegar a La
Española en 1502 como miembro de la expedición comandada por Nicolás
de Osvando, este vallisoletano participó con gran éxito en la conquista de
la región de Higüey, situada al este de la isla, en el valle del Yuma. Esto
le hizo ganarse el favor del propio Osvando, a la sazón gobernador de La
Española, para explorar una isla cercana denominada Borinquén. Hacia
allí partió con medio centenar de hombres con el objetivo de establecer
lazos amistosos con los indígenas y encontrar una ubicación idónea para
levantar un fuerte. Ayudado por el cacique Agüeybana, se dirigió hacia el
norte de la isla hasta que dio con una amplia bahía donde las naves podían
fondear y con terreno apto para construir algunas casas. A este pequeño
núcleo urbano lo llamó Puerto Rico.

Muy distinto es el origen de Florida. Ponce de León había tenido noticia
de unas tierras, situadas al norte de las islas Lucayas, donde fluía el río
Bimini, cuyas aguas otorgaban la eterna juventud a aquel que las bebiera.
Tras obtener el permiso real y aprovisionar dos carabelas, inició la exploración del archipiélago en 1512 hasta que dio con una gran isla rebosante
de vegetación a la que bautizó con el nombre de Florida. Luego subió hasta
el Cabo de Corrientes (actual Cabo Cañaveral) para regresar de nuevo,

bordeando el litoral, hasta la Bahía de Tampa. Desde allí regresó a Puerto Rico sin llegar a darse cuenta nunca de que el territorio que había explorado se trataba, en realidad, de una península.

Entre la península de Florida y la de Terranova se extendía la costa atlántica de los actuales Estados Unidos, una tierra inhóspita y apenas explorada por los europeos. En 1523, el toledano Lucas Vázquez de Ayllón obtuvo una capitulación de España para iniciar una expedición por el remoto norte. Ese mismo año, encargó a Pedro de Quexos que zarpara desde Santo Domingo con dos carabelas que tenían por misión recabar información sobre esta región que los indígenas denominaban Chicora. El oro y los esclavos que Quexos trajo a su regreso fueron motivo suficiente para que Vázquez de Ayllón invirtiera toda su fortuna en una expedición de cinco naves y más de 500 personas destinada no solo a explorar y tomar posesión de los territorios situados en la costa este hasta Terranova, sino también a encontrar el anhelado Paso del Noroeste, la nueva ruta hacia la Especiería. A la altura de la desembocadura del río Jordán, en el cabo Fear, se dieron cuenta de que Pyraita, Duache, Anicatiye, Tancal y otras tierras mencionadas en las capitulaciones nunca aparecían. No obstante, decidieron continuar su expedición un poco más al norte hasta que, en las inmediaciones de la bahía del Cheasepeake, establecieron el que hoy día pasa por ser el primer asentamiento europeo en los Estados Unidos: San Miguel de Guadalupe, fundado casi cien años antes de la llegada del Mayflower. Sin embargo, un terreno pantanoso, unido a la hostilidad de los nativos, hicieron inviable su permanencia y sus pobladores tuvieron que abandonarlo, huyendo de la hambruna y del frío del invierno. Solo 150 de ellos consiguieron regresar, entre los que ya no se encontraba Vázquez de Ayllón. Con todo, la ciudad más antigua que hoy tiene los Estados Unidos también debe su nombre a un español, el santanderino Pedro Menéndez de Avilés, que en 1565 logró acabar con las posiciones que habían tomado los hugonotes franceses a lo largo de la *Primera Costa* de Florida y fundó San Agustín.

Pero si hay una hazaña que realmente ha dejado una impronta hispánica en Estados Unidos es la llevada a cabo por Álvar Núñez Cabeza de Vaca, uno de los cuatro supervivientes de la expedición capitaneada por Pánfilo de Narváez que, en 1528, consiguieron alcanzar la costa oeste de Florida. Desde la Bahía de Tampa, Cabeza de Vaca inició un viaje que duraría casi nueve años a lo largo de la costa de lo que hoy son los estados de Alabama,

Misisipi y Luisiana para adentrarse después en Texas, remontar parte del río Grande hasta El Paso y concluir su viaje en San Miguel de Culiacán, en la costa mexicana del Pacífico, después de haber salvado las desérticas llanuras de Chihuahua y Sonora. Los más de 11 000 kilómetros recorridos están plagados de anécdotas pintorescas que muestran un Cabeza de Vaca fusionado con los nativos y conocedor de varias lenguas indígenas. El relato de lo ocurrido quedó reflejado en el libro *Naufragios*, escrito por él mismo y que sirvió de cartografía al imperio español para incorporar los territorios descritos al virreinato de la Nueva España.

La gesta de Cabeza de Vaca abrió el camino a otros exploradores españoles para ir tomando gradualmente posesión del territorio. En Nuevo México, Juan de Oñate estableció, en 1598, las bases de lo que acabó siendo la ciudad de Santa Fe, que más tarde se consolidaría como el centro neurálgico de las dos principales rutas comerciales: el "camino de santa Fe", que unía esta ciudad con Misuri, y el "viejo camino español", que la comunicaba con Los Ángeles. Por ellas transitaban hispanohablantes de distinta procedencia que fueron extendiéndose por todo el sudoeste de los Estados Unidos, moteando el paisaje de innumerables topónimos españoles que aún hoy perviven.

A la acción colonizadora realizada por Oñate y el resto de los exploradores que le siguieron, es preciso añadir la intensa labor evangelizadora realizada por los misioneros. Las misiones cumplían un doble propósito: por un lado, complementaban y consolidaban la expansión territorial iniciada por los expedicionarios, mediante el establecimiento de pequeños asentamientos urbanos destinados a convertir al catolicismo a la población nativa; por otro lado, actuaban como barrera de contención de las ansias conquistadoras de británicos y franceses.

Las primeras misiones españolas en Florida fueron establecidas por los jesuitas tras la fundación de San Agustín. A estos se sumarían más tarde los franciscanos, que ampliaron el esfuerzo misionero hacia el sudeste de Georgia (Griffin 1993). Desde el punto de vista administrativo, estas fueron divididas en cuatro regiones distintas: Apalachee, Guale, Mayaca-Jororo y Timucua, que coincidían más o menos con las principales lenguas indígenas habladas en estas áreas (Hann 1993).

Ese mismo auge evangelizador atravesó todo el sudoeste de los Estados Unidos hasta llegar a su costa oeste. De la mano de expediciones militares como las de Juan Bautista de Anza o Gaspar de Portolá, los religiosos españoles y novohispanos fueron fundando misiones que después se transformarían en grandes ciudades, como Los Ángeles o San Francisco. La expansión hispanohablante incluso llegó a abarcar territorios más al norte de California y hasta tuvo una presencia transitoria en Alaska, cuyo principal objetivo era frenar el avance ruso.

En 1769, el padre franciscano fray Junípero Serra aprovechó la orden de expulsión de los jesuitas de las posesiones españolas dictada dos años antes por Carlos III para sustituir a estos en las misiones ya establecidas en Sinaloa, Durango, Sonora y Chihuahua y fundar la primera misión española en la costa estadounidense del Pacífico, la de San Diego de Alcalá, que acabaría transformándose en la ciudad del mismo nombre. Dicha misión marca el inicio de una gran expansión evangelizadora hacia el norte que, en poco más de medio siglo, jalonaría el territorio de la Alta California con veintiuna misiones que se extendían desde esa ciudad hasta San Francisco.

El apogeo de la actividad misionera en la costa este estadounidense y, por extensión, del español, coincide, sin embargo, con el inicio de una presencia cada vez mayor de la lengua inglesa en los territorios inicialmente explorados por los españoles, afianzada asimismo por el progresivo repliegue que estaba sufriendo el francés. El fin de la guerra de los Siete Años y la consiguiente firma del Tratado de París en 1763 supuso una remodelación del mapa político de influencia de las tres principales lenguas en liza: a Gran Bretaña, Francia cedía Canadá y los territorios situados al este del río Misisipi, salvo Nueva Orleans, que pasaba a manos españolas. Del mismo modo, España cedía La Florida a Gran Bretaña, pero, en compensación, obtenía La Luisiana de manos de Francia, si bien esta última colonia volvería a formar parte de las posesiones francesas solo cuarenta años después, en virtud del Tercer Tratado de San Ildefonso. Similar destino tuvo también La Florida, que fue recuperada por España tras dos décadas de soberanía británica sobre el territorio, mediante la firma del siguiente Tratado de París. En cualquier caso, España conservaba sus territorios en Texas, Nuevo México y California, lo que situaba al río Misisipi como la frontera política para la influencia del idioma español hasta el Pacífico.

La lista de conflictos bélicos librados entre las principales naciones europeas en un espacio de tiempo relativamente corto, así como la firma de los consiguientes tratados de paz, ponen de manifiesto la fragilidad de las estructuras políticas coloniales. Las grandes potencias europeas no solo tenían que lidiar con las ambiciones territoriales de sus competidoras, sino también con las reclamaciones de una mayor autonomía planteadas por sus colonias. Con este telón de fondo, la emancipación de las Trece Colonias norteamericanas del dominio británico, en 1776, vendría a alterar para siempre el ámbito de influencia de la lengua española en esta parte del continente americano.

La política expansionista llevada a cabo por un Estados Unidos incipiente derivó en acciones bélicas y diplomáticas que, entre otras cosas, obligaron a Napoleón Bonaparte a vender a este país el recién adquirido territorio de La Luisiana y a España a ceder la península de La Florida, en virtud del Tratado Adams-Onís, firmado en 1819. A todo ello, es preciso añadir un hecho no menos relevante para la presencia del español en la zona: la independencia de México. Tras una guerra intensiva que había durado más de una década, el tejido productivo de este país se había visto seriamente afectado, lo que, en la práctica, lo incapacitaba para responder con contundencia a las incursiones que numerosos colonos estadounidenses comenzaron a realizar, primero en Texas y después en California. El estallido de la contienda bélica entre estos dos países y la consiguiente firma del Tratado de Guadalupe-Hidalgo, en 1848, supuso una reconfiguración territorial que dejó un mapa político de influencia del español muy similar al actual: México cedía más de la mitad de su territorio, que comprendía los actuales estados de California, Nevada, Utah, Nuevo México, Texas, Colorado, Arizona, así como partes de Kansas, Oklahoma y Wyoming. Del mismo modo, este país renunciaba a toda reclamación sobre Texas y se fijaba como frontera entre las dos lenguas las aguas del río Grande, o Bravo, según se mire desde una u otra ribera.

La incorporación del sudoeste mexicano por parte de los Estados Unidos inició un período de anglización del territorio que no acabaría hasta bien entrado el siglo XX (Moreno Fernández y Otero Roth 2007: 78). Desde entonces, los esfuerzos institucionales por reducir su huella hispánica se han visto en cierto modo compensados por la elevada porosidad que ha manifestado la frontera meridional de los Estados Unidos, que, sobre todo a partir de los años setenta del siglo pasado, ha favorecido un flujo constante y prácticamente unidireccional desde los países hispanohablantes de su entorno más cercano.

3.2. La situación del español en la actualidad

De todas las minorías que hoy conforman el tejido social de los Estados Unidos, la hispana es, con diferencia, la más numerosa. Según las estimaciones realizadas por la Oficina del Censo de los Estados Unidos, la población estadounidense de origen hispano superaba, en julio de 2020, los 62,3 millones de personas. Esta cantidad representa un aumento de casi 12 millones con respecto a 2010 y de más de 53 millones desde 1970. En las últimas cinco décadas, la población hispana casi se ha multiplicado por siete y su peso relativo se ha cuadruplicado. Actualmente, el 18,7 % de los estadounidenses se definen étnicamente como hispanos, lo que sitúa a esta comunidad muy por encima de la negra (13,4 %) y de la asiática (6 %).

Si bien la presencia de población hispana ha sido una constante en la historia de Estados Unidos, sobre todo en el suroeste del país, su crecimiento se vio favorecido tras la aprobación, en 1965, de la ley de inmigración y nacionalidad, que suprimía las cuotas asignadas a cada país, favoreciendo en la práctica un flujo migratorio procedente de América Latina y el Caribe. Sin embargo, la fuerte expansión que ha experimentado la comunidad hispana desde 1970 empieza a mostrar síntomas de ralentización: entre 2010 y 2020 la población hispana aumentó un 23 %, frente al 43 % de la década anterior. De hecho, el ritmo de crecimiento de la población asiática desde 2010 ha sido superior al de la hispana.

En lo que a la distribución geográfica de esta población se refiere, esta también ha variado significativamente desde los años setenta. Aunque la mayor presencia latina aún se encuentra en los estados del suroeste del país, las últimas décadas han registrado un proceso de dispersión geográfica paulatino que ha sido especialmente intenso hacia el noroeste del país y hacia las grandes ciudades de la costa este Hernández (2018).

La movilidad geográfica que exhibe esta comunidad también está trastornando lentamente su patrón tradicional de concentración, que situaba a los hispanos de origen mexicano y centroamericano principalmente en los estados más cercanos a México y a los de origen caribeño únicamente en Florida, en Nueva York o, en general, en los estados del este. En la actualidad, es fácil encontrar hispanos de distinto origen en cualquier parte del país (Otheguy 2019). A pesar de que el principal lugar de procedencia sigue siendo México (el 61,9 % del total), seguido de Puerto Rico (9,7 %),

Cuba (4 %), El Salvador (3,9 %) y la República Dominicana (3,5 %)[18], los orígenes caribeño, centroamericano y sudamericano han experimentado un crecimiento considerable desde principios de siglo, en detrimento del origen mexicano, que muestra una clara tendencia a la baja. Solo entre 2010 y 2018, el peso relativo del origen mexicano dentro de la comunidad hispana se ha visto reducido en 2,5 puntos porcentuales, mientras que el caribeño ha registrado un aumento (1,4), al igual que ocurre con el centroamericano (1,2) y el sudamericano (0,6).

Hoy día, la comunidad hispana es el principal motor del crecimiento demográfico de Estados Unidos. Solo en 2018, el aumento de la población hispana supuso más de la mitad del crecimiento de la población total de país. Aunque esta comunidad sigue aumentando anualmente muy por encima de la media nacional, su ritmo de crecimiento se ha reducido en las dos últimas décadas, debido sobre todo al descenso de la población procedente de América Latina, especialmente de México, y a una menor tasa de natalidad Flores et al. (2019).

Con todo, el cambio más importante que se ha producido en la composición de esta comunidad, por lo que implica para el dominio y el uso del español por parte de sus miembros, es el hecho de que la proporción de hispanos nacidos en Estados Unidos no ha dejado de aumentar desde principios de siglo, en detrimento de aquellos nacidos fuera del país. En 2018, solo el 33,2 % de los hispanos estadounidenses había nacido en el extranjero, frente al 40,1 % registrado en 2000, año en el que se alcanzó la cota máxima desde 1980. Esta circunstancia, unida a un aumento gradual en la proporción de hispanos estadounidenses que manifiestan tener un nivel de competencia alto en inglés (el 69 % en 2018, frente al 59,3 % de 2000), podría influir negativamente en el grado de mantenimiento del español en el seno de esta comunidad. De hecho, cada vez hay más hispanos que no consideran un requisito indispensable saber español para identificarse como tales[19].

---

18 Oficina del Censo de los Estados Unidos (2018e).
19 Pew Research Center (2016).

3.3. Los hablantes de español

Aunque el Censo de los Estados Unidos no aporta cifras concretas sobre el grado de competencia de los hablantes de español que hay en el país, sí que facilita datos sobre el número de personas que lo utilizan en el entorno doméstico: en 2018, 41 460 427 personas mayores de cinco años hablaban español en casa, lo que equivale al 13,5 % de la población total del país. En los últimos cuarenta años, la comunidad hispanohablante casi se ha multiplicado por cuatro en términos netos y su peso relativo ha ganado más de ocho puntos porcentuales, desde el 5,3 % registrado en 1980 (Ortman y Shin 2011; Oficina del Censo de los Estados Unidos 2018g).

Respecto al estatus jurídico de estos hablantes, en 2018, el 54,6 % de ellos había nacido en Estados Unidos, mientras que el 45,4 % lo había hecho en el extranjero. De estos últimos, el 38 % (el 17,3 % del total de hablantes de español) había adquirido la nacionalidad estadounidense, mientras que el 62 % restante mantenía el estatus de extranjero. En conjunto, el 71,9 % de los hispanohablantes son nacionales estadounidenses de pleno derecho.

De todos los hablantes de español que hay en el país, el 93,7 % (38,9 millones) se definen étnicamente como hispanos, lo que sitúa a este grupo como el principal impulsor del crecimiento del uso del español en este país. Si bien el hecho de ser hispano no lleva aparejado un conocimiento efectivo del español, la correlación entre ambas variables es muy alta. Más del 71 % de los hispanos estadounidenses emplean en mayor o menor medida el español para comunicarse con sus familiares y únicamente el 28,4 % afirma utilizar solo el inglés[20]. De hecho, una de las claves del crecimiento de la población hispanohablante en Estados Unidos es el gran empleo del español en el entorno doméstico. Por otra parte, el alto grado de conocimiento de esta lengua que se observa en las distintas generaciones de hispanos sugiere que la comunidad hispanohablante de Estados Unidos ha alcanzado la masa crítica suficiente como para sobrevivir por sí misma al margen del inglés. Según una encuesta realizada por el Pew Research Center en 2011 entre mayores de 18 años, el 47 % de los hispanos de tercera generación afirma

---

20 Según la Oficina del Censo de los Estados Unidos en 2018.

hablar español «muy bien» o «bastante bien» (Taylor, López, Martínez y Velasco 2012).

A pesar de lo positivo del dato anterior, sí que se observa, sin embargo, una pérdida intergeneracional del español. Pérdida que es mucho más acusada cuando a estos hispanos se les pregunta sobre su lengua principal. En ese caso, el 61 % de los hispanos adultos de primera generación afirman tener el español como lengua principal, frente al 8 % de los de segunda generación y al 1 % de los de tercera y subsiguientes. Con todo, esta pérdida resulta mucho más leve si se incluye en la contabilización al 29 % de hispanos de tercera generación que se consideran bilingües (*ibidem*).

Por último, a los hablantes nativos o bilingües de español que, en el caso de los hispanos mayores de 18 años representa el 76 % del total, es preciso añadir aquellos estadounidenses que tienen una competencia limitada en este idioma. Este grupo incluye a una parte de los hispanos que identifican el inglés como su lengua principal (el 24 %) y a los que, sin embargo, se les puede suponer una competencia limitada en español fruto del contacto con miembros hispanohablantes de esta comunidad, así como a aquellos estadounidenses que, en mayor o menor medida, han aprendido el español como segunda lengua.

En cualquier caso, las cifras del censo es preciso tomarlas con la debida cautela, ya que solo incluyen a los estadounidenses que hablan español en el entorno doméstico y no a aquellos, hispanos o no, que, a pesar de contar con un dominio de esta lengua, no la utilizan en casa. Asimismo, el censo tampoco contabiliza a los menores de cinco años, que en 2018 superaban los cinco millones solo entre los hispanos. Sin embargo, a algunos de ellos se les puede suponer un cierto grado de competencia en español, ya sea nativa o no.

3.4. El ámbito educativo

La gran demanda que se observa en el estudio del idioma español en el sistema educativo estadounidense en comparación con el de otras lenguas da cuenta no solo de la amplia presencia de este idioma en el conjunto del país, sino también de la oportunidad que representa este sector para garantizar su expansión y consolidación en el futuro. En todos los niveles de enseñanza, desde preescolar hasta la educación superior, el español es, con diferencia, el idioma más estudiado (Rhodes y Pufahl 2014: 20) en los centros educativos de Estados Unidos. En la enseñanza primaria y secundaria, el español es la lengua más demandada en las escuelas estadounidenses con programas de lengua extranjera. De hecho, el número de estudiantes matriculados en cursos de español triplica al de alumnos matriculados en cursos de otras lenguas. De los casi once millones de alumnos estadounidenses de primaria y secundaria que durante el curso 2014–2015 se matricularon en cursos de lenguas extranjeras, más de siete millones lo hicieron en cursos de español[21]. Es preciso añadir, además, que tan solo el 19,7 % de los alumnos de estas etapas educativas se matriculan en este tipo de cursos[22], con lo que el margen de crecimiento que tiene la demanda del español como lengua extranjera aún es muy amplio.

Además, la popularidad del español ha aumentado considerablemente durante los últimos treinta años hasta estar presente en la oferta docente de idiomas extranjeros de uno de cada nueve centros educativos del país. Cada vez son más las escuelas que solicitan poder impartir español como lengua extranjera, especialmente cuando solo puede ofrecerse un idioma por razones curriculares o de presupuesto[23]. En 2008, el 88 % de las escuelas primarias con programas de idiomas impartían español, frente al 79 % de 1997 y al 68 % de 1987. Justo en ese periodo, se observa una disminución de la enseñanza del francés y del alemán[24], sus principales competidores en número de matrículas, si bien a gran distancia del español.

En las escuelas secundarias, el 93 % de los centros con programas de lengua extranjera impartían lengua española, porcentaje que se mantiene inalterable desde 1997 a 2008, aunque ciertamente supone un aumento sobre el 86 % observado en el año 1987. Al igual que en las escuelas primarias, tanto la enseñanza del francés como la del alemán disminuyó en las escuelas secundarias en este periodo[25]. En la actualidad, la oferta de programas de español como lengua extranjera en las escuelas secundarias de Estados Unidos supera con creces a la de cualquier otro idioma, incluidos

---

21 American Councils for International Education (2017: 7).
22 *Ibidem*, p. 8.
23 *Ibidem*, p. 8.
24 *Ibidem*, p. 7.
25 *Ibidem*, p. 8.

el francés, el alemán y el chino. A pesar de ello, el número de programas impartidos, así como el abanico de oportunidades que se ofrecen a los estudiantes para que alcancen un nivel de competencia alto en español, aún resultan insuficientes en el sistema educativo estadounidense[26].

En el ámbito de la educación superior, el número de alumnos matriculados en cursos de español supera al número total de alumnos matriculados en cursos de otras lenguas, situación que ha venido repitiéndose desde 1995. Solo en 2016, 712 240 universitarios estadounidenses aprendían español dentro de su formación académica, mientras que la matrícula conjunta en asignaturas dedicadas al aprendizaje de otras lenguas era de 705 681 (Looney y Lusin 2019: 26). Si se toman en consideración los datos reflejados en la serie histórica y se incluye en el cálculo una tasa de reposición completa de estudiantes universitarios de español cada cuatro años, que es lo que dura el ciclo universitario más largo, en los últimos treinta años habrían estudiado español más de 5 millones de universitarios estadounidenses. A muchos de ellos se les puede suponer una competencia limitada en español, con distinto grado de conocimiento de este idioma, en función del contacto que hayan tenido con el entorno hispanohablante y del uso que hayan hecho del español en el ámbito laboral en los años posteriores a la universidad. En cualquier caso, tanto el carácter voluntario de los estudios universitarios como su clara orientación al mercado laboral parecen indicar que los alumnos que se matriculan en cursos de español lo hacen atendiendo a un criterio marcadamente instrumental (ya sea porque consideran que este idioma es el que les proporciona una mayor proyección internacional o porque lo contemplan como un activo a la hora de acceder al mercado de trabajo), sobre todo teniendo en cuenta que existe una prima salarial considerable ligada al conocimiento de esta lengua. Cabe suponer, por tanto, una tasa relativamente alta de mantenimiento de los conocimientos adquiridos de español entre los egresados del sistema universitario estadounidense.

3.5. Presencia en los medios

La tendencia descendente en el mantenimiento del idioma español que se observa entre la población hispana estadounidense en los últimos años

---

26 *Ibidem*, p. 21.

tiene también su correlato en el ámbito de los medios de comunicación. Las dos principales cadenas de televisión en español de Estados Unidos, Univisión y Telemundo, han experimentado una merma en las audiencias de sus principales espacios informativos. Asimismo, varios medios de comunicación dirigidos a los hispanos como público principal, a menudo en inglés, han cerrado o se han incorporado a plataformas de noticias más grandes, como CNN Latino, NBC Latino, Fox News Latino y VOXXI. A pesar de este dato, el número de hispanos que recurren a medios de comunicación en español para mantenerse informados sigue siendo relativamente alto: el 71 % consume al menos algunas noticias en español en un día normal y el 17 % afirma consumir noticias únicamente en español, cifra esta última muy inferior al 29 % que consume únicamente noticias en inglés. En cualquier caso, la manera más habitual de acceder a la información es utilizando tanto el inglés como el español (54 %) (Flores y López 2018).

Al igual que ocurre con la población hispana en general, el grado de utilización del español para consultar las noticias varía también en función de su edad y de si han nacido dentro o fuera del país. Así, solo el 68 % de los *millennials*, nacidos entre 1981 y 1998, afirma consumir al menos algunas noticias en español, mientras que este porcentaje se eleva hasta el 89 % en el caso de los nacidos en el extranjero, que suelen preferir el español para mantenerse informados (*ibidem*).

Respecto al soporte preferido a la hora de obtener información sobre la actualidad, es preciso decir que Internet ha ido ganando terreno progresivamente al resto de los formatos hasta prácticamente igualar a la televisión. Tradicionalmente, la televisión ha sido la plataforma de noticias más utilizada entre los hispanos de Estados Unidos. Sin embargo, en los últimos años, el porcentaje de noticias obtenidas a través de este medio se ha visto reducido desde el 92 % en 2006 hasta el 79 % en 2016. Justo la tendencia contraria se observa en Internet: el 74 % de los hispanos usaba Internet en 2016 como fuente de noticias, incluidas las redes sociales o las aplicaciones para teléfonos móviles, frente al 37 % en 2006.

Aunque los hispanos también se informan a través de la radio y los periódicos, ninguno de estos formatos es tan utilizado como la televisión o Internet. Además, tanto la radio como la televisión exhiben una tendencia a la baja en su uso. En 2016, el 55 % de los hispanos escuchaba noticias en la radio durante un día laborable típico, frente al 64 % en 2006. Del mismo modo, el uso de los periódicos como fuente de noticias pasó del 58 % en 2006 al 34 % una década después.

3.6. El español en la vida política

Las elecciones presidenciales de 2020 fueron las primeras en las que los hispanos conformaron la minoría étnica o racial más numerosa. Según las estimaciones del Pew Research Center (2018), unos 32 millones de hispanos fueron llamados a las urnas, lo que representa el 13,3 % del electorado estadounidense. El porcentaje de hispanos con derecho a voto ha experimentado un crecimiento progresivo desde los comicios del año 2000, lo que sitúa a esta comunidad por encima de la negra (12,5 %), cuyo peso relativo apenas ha aumentado en ese mismo periodo, y de la asiática (4,7 %) (Cilluffo y Fry 2019). Si bien es cierto que la comunidad hispana ha crecido considerablemente en las últimas décadas, no es menos cierto que solo la mitad de sus miembros tiene derecho a voto, la proporción más pequeña de todos los grupos étnicos. Esto se debe a que una gran parte de la población hispana está integrada por menores de edad (18,6 millones tienen menos de 18 años) o por adultos no nacionalizados (11,3 millones, más de la mitad de los cuales son inmigrantes en situación de irregularidad) (González-Barrera et al. 2020).

La proporción de la población hispana con derecho a voto también varía mucho según el estado de que se trate. Los estados que registran una tasa más alta de hispanos habilitados para votar son Maine y Montana, con el 71 % y el 68 % respectivamente. En aquellos estados con mayor población hispana, aproximadamente la mitad tiene derecho a votar en Texas y más de la mitad en Florida (56 %) y California (51 %). Los dos estados que registran el porcentaje más bajo de votantes hispanos potenciales son Carolina del Norte (34 %) y Tennessee (33 %).

El elevado número de votantes hispanos no garantiza, sin embargo, que estos ejerzan su derecho al voto. Desde 1996, el número de hispanos habilitados para votar que realmente votaron siempre ha sido menor que el de aquellos que no acudieron a las urnas (Cilluffo y Fry 2019). Asimismo, la tasa de votantes hispanos registrados siempre ha sido muy inferior a la de la media del país tanto en las elecciones presidenciales como en las generales.

Desde que, en de 1960, la primera dama, Jackie Kennedy, sorprendiera a todos utilizando el español en un anuncio de la campaña presidencial de su marido, no han sido pocos los candidatos que, sobre todo en los últimos años, se han animado a utilizar este idioma en sus campañas, a modo de guiño, para intentar captar el voto hispano, considerado decisivo en aquellos estados con mayor población hispana. Sin embargo, no está claro hasta qué punto el empleo del español por parte de los distintos aspirantes influye realmente en el sentido del voto latino. En una encuesta realizada por UnidosUS[27], el poder hablar español aparecía como la última en una clasificación de características que los votantes hispanos considera-ban importantes en un candidato. Sin embargo, una consulta publicada por Univisión justo después de un debate reflejaba que, para el 53 % de los encuestados, el hecho de que el candidato hable español sí constituye una motivación para votarlo (Gómez 2019). Por otra parte, el hecho de que solo el 13 % de los hispanos registrados para votar tengan el español como lengua principal sugiere que el empleo de esta lengua por parte de los candidatos se está utilizando más como una declaración de intenciones en apoyo de medidas que favorezcan la representatividad política de la comunidad hispana que como un instrumento de comunicación política propiamente dicho: la amplia mayoría de votantes hispanos son bilingües (45 %) o tienen el inglés como lengua principal (42 %).[28]

Con todo, el elevado número de inmigrantes hispanos no autorizados (unos 7,7 millones en 2017)[29] y de aquellos con residencia legal en Estados Unidos, que, sin embargo, no tienen derecho a votar permite pensar en el uso del español como una forma indirecta de llegar al votante hispano registrado. Esto es así porque una gran parte de los más de 60 millones de hispanos que viven en Estados Unidos tienen algún tipo de conexión con la inmigración. Unos 20 millones de ellos son, de hecho, inmigrantes (aunque el 79 % está naturalizado) y otros 19 millones tienen al menos un progenitor inmigrante. Así, la migración no es solo uno de los ejes centra-les del debate político en Estados Unidos, sobre todo entre el electorado

---

27 UnidosUS (2019).
28 Pew Research Center (2018: 22).
29 El 73 % de los 10,5 millones de inmigrantes en situación de irregularidad esti-mados en 2017 (González-Barrera *et al.* 2020).

hispano, sino también uno de los principales factores que determinarán el tamaño y la composición de la comunidad hispanohablante de este país en los próximos años.

3.7. El mundo de la empresa

Otro de los elementos sobre los que se sustenta el mantenimiento y la consolidación del empleo del español en los EE. UU. es, sin duda, la pujanza y el dinamismo económicos que muestra la comunidad hispana. En 2018, el PIB nominal generado por esta comunidad ascendía a 2,3 billones de dólares (Hamilton *et al.* 2019: 24), o lo que es lo mismo, la tercera parte de lo que genera el conjunto de los países hispanohablantes. Si dicha comunidad fuera un estado independiente, su economía sería la octava más grande del mundo, por delante de la española. Aparte del propio Estados Unidos, solo China, Japón, Alemania, la India, el Reino Unido y Francia, por ese orden, superarían a los hispanos estadounidenses como motores del crecimiento económico mundial. Otro factor que da cuenta de la enorme vitalidad económica de este grupo étnico es el ritmo de crecimiento de su economía, que es superior al de cualquier país desarrollado y al del resto de Estados Unidos: entre 2010 y 2017, el PIB de la comunidad hispana creció un 30 % más rápido que el del resto del país. Es más, la contribución de la actividad económica en manos de hispanos a la producción de bienes y servicios finales también se vio incrementada en ese mismo periodo en casi medio punto porcentual: del 11,4 % al 11,8 %. Dicha actividad aparece, además, muy concentrada geográficamente en los grandes núcleos de población hispana. De hecho, más del 70 % de las empresas en manos de hispanos tienen su sede en solo cinco estados: California, Florida, Texas, Nueva York e Illinois (*ibidem*).

En cuanto al poder de compra de la comunidad hispana, según el Selig Center for Economic Growth, en 2020 este era de 1,7 billones de dólares[30]. Actualmente, el poder de compra de los hispanos estadounidenses es superior al PIB de España y de México a precios corrientes[31] y duplica el

---

30 Selig Center for Economic Growth (2019).
31 Según el Banco Mundial (2019), el PIB de España en 2017 a precios actuales se situaba en 1,3 billones de dólares estadounidenses.

promedio de América Latina (García Delgado 2019: 142), lo que da una idea del enorme potencial de este nicho de mercado no solo en Estados Unidos, sino en todo el mundo (Fernández Vítores 2013).

En términos absolutos, el poder adquisitivo hispano se ha duplicado cada década en los Estados Unidos desde 1990. Además, su ritmo de crecimiento es casi el doble que el del conjunto del país: entre 2000 y 2018, el poder de compra de Estados Unidos creció el 100 %, mientras que el de la comunidad hispana aumentó el 212 %. Por otra parte, aunque el poder de compra todavía aparece muy concentrado geográficamente, su mayor ritmo de crecimiento se observa en estados con porcentajes de población hispana modestos, lo que indica una dispersión gradual de la actividad económica en manos de hispanos por todo el país.

Esta dispersión empresarial hispana está comenzando a crear, además, una mayor demanda del conocimiento de español en el mundo de los negocios. Si se analiza, por ejemplo, el uso que los estadounidenses hacen de LinkedIn, una red social orientada fundamentalmente al mundo laboral, puede apreciarse que los estados norteamericanos que tienen un número mayor de usuarios hispanohablantes no coinciden exactamente con aquellos con una mayor concentración de población hispana, lo que sugiere que el español se está utilizando como un activo profesional fuera del ámbito hispanohablante.

3.8. El futuro del español

Según las proyecciones realizadas por la Oficina del Censo de los Estados Unidos, el número de hispanos del país superará los 111 millones en 2060. Eso supondrá que el 27,5 % de la población, casi uno de cada tres estadounidenses, será de origen hispano.

Asimismo, el alto grado de empleo del español por parte de los hispanos estadounidenses, ya sean nativos o bilingües, unido al ritmo lento de pérdida de esta lengua que muestra dicha comunidad en los últimos cuarenta años (alrededor de diez puntos porcentuales), indican que el número de hablantes de español de los Estados Unidos superará al de España en la próxima década y al de Colombia en la siguiente, lo que situará a Estados Unidos como el segundo país hispanohablante del mundo, solo por detrás de México.

El aumento de la comunidad hispana no se producirá únicamente por su crecimiento vegetativo, sino que este estará estrechamente ligado a la afluencia de inmigrantes procedentes de México, Centroamérica y el Caribe, algo que dependerá en gran parte de las decisiones que se tomen desde la Administración estadounidense. Así, el número de hablantes de español también variará en función de la adopción de medidas políticas que favorezcan o impidan la entrada de inmigrantes en el país.

En este sentido, el propio Censo de los Estados Unidos ha realizado proyecciones demográficas alternativas que contemplan tres escenarios diferentes: alta inmigración, baja o nula. En todos ellos, la población hispana crecería de aquí a 2060 tanto en términos absolutos como relativos. Varía, sin embargo, la intensidad de ese crecimiento. En un contexto de baja inmigración, la población hispana estadounidense ascendería a los 100 millones de personas, lo que equivaldría al 27 % de la población total del país, mientras que, en un contexto de alta inmigración, esta cifra llegaría a los 128 millones (29 %). Por otra parte, en un escenario de inmigración nula, la comunidad hispana apenas sumaría 16 millones de personas en las próximas cuatro décadas, hasta llegar a los 78 millones, y su peso relativo aumentaría poco más de cinco puntos porcentuales: del 18,7 % actual al 24 % en 2060 (Johnson 2020: 12).

Capítulo IV   Hispanofonía en el Magreb

El concepto de *Magreb Hispano* es tan escurridizo como difícil de delimitar geográficamente. Si bien los contactos entre España y la franja noroccidental del continente africano han sido frecuentes a lo largo de la historia, la huella del español solo es perceptible en algunos de los países que hoy constituyen el Magreb (المغرب *al-Maġrib*: «lugar por donde se pone el sol»). A esto es preciso añadir, además, la dificultad de concretar qué entendemos exactamente por *Magreb*: ¿la concepción tradicional, integrada por Túnez, Argelia y Marruecos, o la más actual, que incluye también Libia y Mauritania? En lo que a la lengua se refiere, parece que la concepción tradicional se adapta mejor al ámbito de influencia del español, puesto que su presencia en estos dos últimos países es prácticamente inexistente, al menos como idioma nativo.[32]

En Mauritania, el interés por aprender español viene determinado por su cercanía a las islas Canarias, que son contempladas como la entrada a Europa (Chadouli Muñoz 2014: 412). Esto no garantiza, sin embargo, un número elevado de alumnos, a pesar de que el español ha cobrado cierta importancia en los últimos años como lengua de los negocios, impulsado por el hallazgo de grandes reservas de petróleo que han contribuido a crear un mercado regional considerable, con las islas Canarias como punta de lanza administrativa. A esto habría que añadir los aproximadamente 25000 saharauis que se calcula que viven en Mauritania, para los cuales el español sigue siendo un referente indiscutible.

En Libia, inmersa en una guerra civil desde 2014, apenas es posible hacer un seguimiento fiable de la situación del español, lo que además da al traste con los esfuerzos de España por fomentar su enseñanza. El caso de Túnez es algo diferente. Desde que el español fuera introducido en la enseñanza secundaria en 1956, más de 150 centros lo incluyen en su oferta educativa, al igual que algunas universidades. Además, los convenios de cooperación en materia cultural suscritos con España permitieron la apertura, en 1994, de un

---

32 Parte de los datos contenidos en este capítulo han sido extraídos de Fernández Vítores (2019). Ofrecemos aquí una versión actualizada de dicho texto.

Centro Cervantes en la capital. En cualquier caso, como ocurre con Libia y Mauritania, el español es siempre percibido como tercera lengua extranjera (Markria: 2013). Así, los dos principales bastiones de hablantes de español en el Magreb son actualmente Marruecos y, en mucha menor medida, Argelia.

Desde un punto de vista estrictamente político, la presencia de España en el *Poniente* norteafricano se circunscribe a las dos ciudades autónomas de Ceuta y Melilla y a las denominadas Plazas de soberanía (Islas Chafarinas, Peñón de Alhucemas y Peñón de Vélez de la Gomera). Aunque en estas últimas el uso del español es testimonial, este es indiscutible en las dos primeras, donde es la lengua oficial y el instrumento de comunicación mayoritario. Su propia condición de enclaves geográficos ha favorecido, además, la transferencia de léxico entre el español y las distintas lenguas locales habladas en estas ciudades, vinculadas a España desde 1497 y 1640, respectivamente. En el chelja o rifeño, variedad del beréber hablada en Melilla, pueden identificarse numerosas palabras procedentes del español, como *mesa, hombre, camiseta, cocina* o *queso*. Y un fenómeno de mezcla parecido se observa también en Ceuta, donde el cruce diario de las fronteras política y lingüística ha ido configurando una suerte de *arabañol*, construido a partir del dariya, dialecto del árabe hablado en esta ciudad, aparte del beréber y del español (Moreno Fernández 2019: 214). Pero si se franquean las fronteras políticas, la influencia del español en el Magreb habría que buscarla, primero, en el norte de Marruecos y, más tarde, en el litoral argelino y en el Sáhara.

4.1. Argelia

La presencia de España en Argelia se inició a principios del siglo XVI, con las expediciones de Francisco Jiménez de Cisneros, que conquistó Mazalquivir en 1505 y Orán en 1510. Aunque no puede hablarse de una presencia cómoda, debido a los constantes enfrentamientos con la población musulmana, esta se extendió hasta 1707, año en que España sucumbió a las tropas del turco Baba-Hacen. Ambas plazas fueron recuperadas en 1732, pero su escasa rentabilidad, unida a la ausencia de la amenaza corsaria, hizo que España las cediera definitivamente a Argelia en 1791, mediante la firma de un tratado (Moreno Fernández 1992: 7).

La ocupación francesa del territorio argelino entre 1830 y 1962 no supuso, sin embargo, la desaparición de la población española. Más bien al contrario. La política colonizadora llevada a cabo por Francia convirtió a Argelia en el lugar de encuentro de numerosas nacionalidades europeas, entre ellas la española, que llegó a ser la tercera más numerosa, después de la nativa y la francesa (Valdés Peña 2011). Sí puede hablarse, no obstante, de un cambio cualitativo en la composición de la comunidad española, que pasó a nutrirse principalmente de temporeros pertenecientes a los estratos más humildes de la sociedad forzados a emigrar por la crisis que atravesaba el campo levantino y andaluz (Moreno Fernández 1992: 7). Aunque parte de esta emigración, especialmente la catalanoparlante, eligió como destino la capital, Argel, una mayoría castellanoparlante, caracterizada inicialmente por la temporalidad, acabó instalándose en el Oranesado, donde la población española llegó incluso a superar a la metropolitana (Menages i Menages y Monjo i Mascaró 2011).

Tras la Segunda Guerra Mundial, comenzó a cundir en la sociedad argelina un fuerte sentimiento anticolonialista, que adquirió carta de naturaleza en 1962 con el triunfo de la revolución y el consiguiente acceso de Argelia a la independencia. Esto supuso el inicio del exilio de la población europea residente en el país, que, en unos pocos meses, se vio reducida en un 85 % (Courrière 1988: 26). A esta emigración de retorno se unió también la de origen español, que abandonó gradualmente el Oranesado, al tiempo que desaparecían los movimientos migratorios de carácter temporal.

A pesar de que, desde entonces, la presencia del español en Argelia es meramente testimonial, su rastro aún puede seguirse a través de los hispanismos que conserva el árabe argelino. Especialmente el árabe oranés atesora muchas palabras procedentes del español, como *agua, baile, barranco, caballo* o *sigarro,* cuya frecuencia de uso varía en función de la región de que se trate. En Orán, por ejemplo, es habitual encontrar hispanismos en el léxico relacionados con la pesca y la vida marítima en general, como *besugo, calamares, popa* o *estribor,* mientras que en Mascara y Temuchent el léxico español está más localizado en la terminología agrícola: *arar, injerto, trilla, yugo* (Moreno Fernández 2019: 215).

4.2. El Sáhara

El caso del Sáhara merece una reflexión aparte. Desde que en 1976 Marruecos ocupara, inicialmente con Mauritania, la antigua provincia española del Sáhara Occidental, el español se ha consolidado como un elemento distintivo de la comunidad saharaui en el exilio que ha contribuido en buena medida a reforzar su sentimiento de pertenencia y a justificar sus reclamaciones territoriales a los ojos de la comunidad internacional. Aunque la República Árabe Saharaui Democrática es miembro de la Unión Africana y está reconocida por al menos 54 países, su ausencia de territorio ha llevado a esta entidad política a instalar su base de operaciones en Tinduf, en suelo argelino. Allí se concentran los 173 000 refugiados saharauis que el ACNUR contabiliza en la actualidad divididos en cinco campos a los que, en un ejercicio de reivindicación política, han bautizado con nombres de ciudades del Sáhara Occidental: Auserd, Bojador, Dajla, El Aaiún y Smara (ACNUR 2018: 5). En ellos, el español tiene estatus de lengua oficial junto al dialecto árabe más extendido en el Sáhara Occidental, el hasanía. El empleo del español como lengua pública se ha visto reforzado además por la intensa labor de cooperación realizada por España y Cuba en el ámbito educativo, que ha permitido que esta lengua siga enseñándose en las escuelas. Del mismo modo, los manuales de consulta en el campo de la medicina suelen proceder de alguno de estos dos países, lo que obliga a los saharauis que participan en las labores sanitarias a mantener fresco el uso de este idioma. En general, es raro encontrar a alguien que no tenga un conocimiento, siquiera mínimo, de español. De hecho, podría afirmarse que la ayuda prestada por estos dos países hispanohablantes ha evitado en cierta medida la pérdida intergeneracional del idioma.

Entre la población más joven que ha aprendido el español en la escuela, el futuro de este idioma toma a veces sendas diferentes. Algunos de estos alumnos se trasladan a España para continuar sus estudios, lo que supone un refuerzo considerable de su español, que a veces llega a alcanzar el nivel de la lengua nativa. Muchos de ellos, sin embargo, continúan sus estudios en otras ciudades de Argelia, principalmente en Argel. Esto último les obliga a incorporar o consolidar el francés, que es la lengua vehicular de la enseñanza, lo que, en muchos casos, conlleva también una pérdida progresiva del español aprendido en la escuela.

En cualquier caso, la presencia del español es hoy evidente en el hasanía en forma de hispanismos, singularmente en el léxico relacionado con la técnica, el deporte, la alimentación o la salud: *motor, caja de cambios, gol, defensa, zumo, tortilla, pomada, jeringuilla*.

4.3. Marruecos

La fecha exacta en la que la lengua española comenzó a utilizarse como instrumento de comunicación entre los ciudadanos marroquíes no es fácil de establecer. La dilatada historia compartida entre España y Marruecos, unida al carácter heterogéneo de los contactos que han ido teniendo lugar entre los habitantes de estos dos países a lo largo de los últimos siglos, han ayudado a borrar un rastro cuyo punto de partida es casi imposible de concretar.

Durante el período comprendido entre el final de la Reconquista y el fin del Protectorado español en 1956, la parte septentrional del Marruecos actual fue testigo de la llegada de colonos, inmigrantes y expatriados procedentes de España. Cuando, en marzo de 1492, los Reyes Católicos firmaron el Edicto de Granada, que decretaba la expulsión de los judíos, muchos de los sefardíes que en aquel momento vivían en la península decidieron asentarse en el norte de Marruecos, primero en Tetuán y, posteriormente, en Tánger (Sayahi 2005). Aunque en ocasiones esto supuso una pérdida gradual del judeoespañol para parte de este colectivo, la mayoría de sus integrantes consiguió mantener vivo el conocimiento y el uso de esta lengua al menos hasta el inicio del Protectorado, que volvió a nutrir al ladino de elementos procedentes del español (*ibidem*).

Más de un siglo después de la expulsión de los judíos, una nueva expulsión, esta vez de los moriscos, en 1609, hizo que el número de habitantes de este país del Magreb portadores de la lengua y la cultura españolas aumentara considerablemente en ciudades como Tánger, Chauen o Fez y, sobre todo, en Tetuán. Fue precisamente el choque de culturas lo que provocó que los moriscos no fueran del todo bien recibidos entre los musulmanes de esta región, que, desde la ortodoxia, contemplaban con desconfianza los usos y maneras hispánicos de los recién llegados «cristianos de Castilla», a los que percibían como ajenos, porque llegaban hablando castellano, vestidos a la moda española y mezclando sus nombres y apellidos cristianos con los de origen árabe (Domínguez Ortiz y Bernard: 232–233). En cualquier caso, se calcula que, de los 325 000 moriscos que en aquel momento habitaban en alguno de los territorios que conformaban la Monarquía Hispánica, entre el 12 % y el 19 % decidió instalarse en el país vecino (Sayahi 2005). Su papel en la difusión de la cultura y la lengua españolas en esta zona del país fue también considerable, ya que, al ser la mayoría bilingües, muchos de ellos se dedicaron a la traducción de textos del español al árabe, aunque buena parte de ellos nunca llegó a adquirir un dominio de la lengua árabe y dependía en su día a día de las traducciones realizadas por otros moriscos. De cualquier modo, este grupo, integrado en su mayoría por hispanohablantes, logró conservar el uso social del español durante más de cien años (Epalza y Gafsi Slama 1999: 635). Incluso actualmente, no son pocas las familias marroquíes que aún mantienen apellidos claramente españoles, como Molina o Torres (Sayahi 2005).

A pesar de que la presencia del español en el sultanato de Marruecos fue evidente desde finales del siglo XV, no es hasta la segunda mitad del siglo XIX cuando la influencia cultural y política española adquiere carta de naturaleza. La denominada *Guerra de África*, iniciada en diciembre de 1859, causó un sentimiento de agravio en el seno de la sociedad española que, a la larga, acabaría influyendo también en el destino del español en el país vecino. Menudearon los actos de enaltecimiento patriótico, muchos de ellos destinados a reclutar voluntarios para la campaña militar o a recaudar fondos para hacer frente a los gastos derivados de esta. Los cuatro meses que duró la contienda, hasta la firma del tratado de Wad-Ras, en abril de 1860, habían logrado despertar un sentimiento patriótico insólito en la opinión pública española, que demandaba el diseño de una política de actuación clara y firme al otro lado del Estrecho.

Si bien condicionado por los intereses geoestratégicos de Francia, Inglaterra y Alemania en el continente africano, el movimiento africanista español tuvo como resultado la creación, en 1912, de un protectorado en Marruecos repartido entre Francia y España y en el que este último país ocuparía la región más septentrional del territorio. Sin embargo, el control de la zona asignado por la Conferencia de Algeciras no logró hacerse efectivo hasta 1927 debido a los enfrentamientos continuos de las tropas españolas con la resistencia marroquí, que supusieron un tercio del tiempo que estuvo vigente el protectorado (1912–1956) (Morales Lezcano 2006).

Con todo, el establecimiento del Protectorado llevó aparejada la imposición del español como primera lengua de la administración. Quizás por esta razón, hablar español se convirtió en una necesidad para aquellos nativos que querían forjar vínculos comerciales y sociales con los españoles. Conviene señalar, no obstante, que el aprendizaje del español por parte de los marroquíes no fue el fruto de una política destinada a difundir el uso del español entre la población marroquí, sino más bien el resultado del contacto de esta última con la cada vez más abultada colonia de españoles (Benyaya 2006: 169).

Tanto el movimiento africanista como el establecimiento del Protectorado influyeron de forma decisiva en el aumento de la colonia española en Marruecos. El primero porque, desde los inicios del siglo XX, desplegó una intensa campaña de concienciación sobre el activo que suponía Marruecos para todas las clases sociales españolas (Aziza 2009: 158). El segundo porque garantizó un flujo migratorio creciente desde España hacia el país vecino auspiciado por las instancias oficiales. El aumento de la población española llevó aparejada la creación de centros de enseñanza primaria y secundaria en las principales ciudades del Protectorado y en aquellas áreas donde la colonia española tenía mayor presencia. Además, la población autóctona también tenía acceso a estos centros, si bien de forma más restringida.

Junto a esta enseñanza en español, coexistía la instrucción tradicional del país, que giraba en torno a las mezquitas y cuya piedra basilar era el aprendizaje del Corán. Frente a esta formación basada en la tradición, fue extendiéndose cada vez más un nuevo tipo de enseñanza marroquí que importaba parcialmente los contenidos de los programas educativos europeos y en la que la lengua española aparecía como una asignatura central al mismo nivel que el árabe (Benyaya 2006: 169).

Finalizado el Protectorado, mediante la Declaración Conjunta Hispano-Marroquí de 28 de julio de 1956, las autoridades marroquíes recuperaron el control de todos los asuntos que hasta aquel momento había gestionado la Administración española, incluida la educación. La nueva escuela nacional diseñada por el Ministerio de Educación marroquí se articulaba en torno a cuatro conceptos básicos: generalización, unificación, arabización y marro-quinización. Al tiempo que se facilitaba el acceso a la educación a las clases más humildes, el nuevo diseño implicaba también un desplazamiento de los profesores extranjeros en favor de los marroquíes y la utilización de la lengua propia en detrimento del español (El Khoutabi 2005: 26). A esto hay que añadir el fuerte avance del francés, que en el Marruecos independiente comenzaba a percibirse como la principal lengua para la promoción social también en el norte del país, lo que hizo que este idioma comenzara a utilizarse cada vez más en aquellas esferas de la administración en las que antes se empleaba el español, cuyo uso quedaba ahora limitado al entorno doméstico. En cualquier caso, esto no habría sido posible sin el apoyo firme de las autoridades marroquíes (Krikez 2005), secundado a su vez por la burguesía norteña, que comenzó a trasladar a sus hijos de las escuelas españolas a las francesas, y por el africanismo español, cuyo ímpetu inicial cayó en horas bajas una vez terminado el Protectorado (Moga Romero 2009).

4.3.1. La pérdida de hablantes de español

De todos los países que integran el Magreb, Marruecos es quizás el que presenta una situación lingüística más complicada (Leclerc 2013). La llegada de la lengua árabe durante los siglos vii y viii a un territorio en el que el beréber era la lengua más extendida, unida a la presencia colonial francesa y española, han dibujado un panorama en el que varias lenguas, con papeles muy diferentes, se ven obligadas a convivir. Aparte del árabe moderno estándar y el *amazigh* o beréber, que son los idiomas oficiales, también forman parte del paisaje lingüístico marroquí el dariya, variedad dialectal del árabe que hablan la mayoría de los marroquíes, y el francés, con estatus de lengua franca semioficial. Aunque el español comparte con este último idioma la condición de lengua colonial, su uso es mucho más reducido y, en función de la zona de que se trate, puede llegar a percibirse como una lengua extranjera más junto al inglés, que cada vez gana más terreno como segunda lengua extranjera.

Ante este crisol lingüístico, determinar el número de hablantes de español se antoja una tarea, cuando menos, compleja. A ello tampoco ayuda la escasa información que hay al respecto, que muchas veces aporta datos parciales y difíciles de comparar. Un informe publicado en 2005 por el Centro de Estudios y Documentación Internacionales de Barcelona, por ejemplo, situaba la tasa de conocimiento de la lengua española en el 21,9 % de la población marroquí (Affaya y Guerraoui 2005: 88). Sin embargo, solo siete años después, un estudio exhaustivo publicado por el Institut Royal des Études Stratégiques marroquí rebajaba esta tasa hasta el 4,6 % (Benjelloun 2012). Por otro lado, el último censo de Marruecos, publicado en 2014, indicaba que solo el 1 % de los marroquíes es capaz de leer y escribir en español (HCP). Independientemente de la falta de homogeneidad en los datos, los distintos estudios muestran una clara tendencia a la baja en cuanto al conocimiento de español por parte de la población marroquí en un período de tiempo muy corto.

En cualquier caso, el principal núcleo de hablantes de español se concentra en el norte de Marruecos, donde aún es considerado como una segunda lengua para gran parte de sus hablantes. La adquisición del español con frecuencia se realiza de manera informal, ya sea viendo la televisión española o interactuando con los turistas o los residentes españoles (Sayahi, 2005: 202). Del mismo modo, las empresas españolas instaladas en la región utilizan como lengua de trabajo el español, lo que representa un acicate para su aprendizaje como vía de acceso a los puestos de trabajo derivados de esta actividad empresarial. El hecho de que muchos marroquíes crucen diariamente la frontera entre Tetuán y Ceuta y entre Nador y Melilla, ya sea para trabajar, ya sea para adquirir mercancías que luego revenden en su país, también supone un estímulo para el uso del español. De hecho, muchos de ellos llegan a adquirir un grado de competencia muy alto, en ocasiones cercano al de la lengua materna. Con todo, la comunidad nativa propiamente dicha está integrada por los españoles residentes en el país.

Actualmente viven en Marruecos 10 848 españoles concentrados en su mayoría en los grandes centros urbanos: Casablanca, Tánger, Rabat y Tetuán. (INE 2019a). La evolución de esta comunidad no ha sido, sin embargo, uniforme a lo largo del tiempo. De tener una presencia tímida antes del Protectorado, llegó a consolidarse como la segunda población extranjera, tras la francesa, durante el período colonial. Curiosamente, no todos los españoles residían entonces dentro de los límites del Protectorado español, sino que, a principios de los años cincuenta, casi el 40 % vivía en la zona francesa. (López García 1996: 38). Y esta misma dispersión geográfica se observa también en la actualidad, aunque cada vez es mayor la proporción de españoles que residen en la antigua zona francesa.

El fin del Protectorado supuso también el declive de la colonia española en Marruecos, que, en solo diez años, quedó reducida a casi un tercio de lo que era poco antes de la retirada de España. El regreso de españoles se vio agravado además por el intenso plan de arabización puesto en marcha por el Gobierno marroquí en 1973, que afectó a las empresas y propiedades de los residentes extranjeros. Así, entre 1952 y 1986, la población española en Marruecos se vio mermada en un 94 %, si bien hay que decir que esta se ha mantenido relativamente estable desde entonces. En cualquier caso, el reducido tamaño de la colonia española revela que el mantenimiento de la lengua española en Marruecos se asienta en la actualidad sobre tres pilares fundamentales: la emigración, el turismo y la acción cultural española.

4.3.2. El papel de la migración

Con 770 523 miembros en 2018, la comunidad marroquí es la más numerosa de entre las extranjeras residentes en España, por delante incluso de la rumana y a gran distancia de la colombiana, la primera de entre las hispanohablantes. El dato no incluye, sin embargo, al nutrido grupo de marroquíes que ya han adquirido la nacionalidad española. Marruecos es, después de España, el principal país de nacimiento en las adquisiciones de nacionalidad española, con 15 409 personas en 2018 (INE 2019b: 3). Este dato es relevante también para la difusión del español en Marruecos, ya que el marroquí nacionalizado español suele haber aprendido español y tiende a mantener vivos los vínculos con su lugar de origen, lo que supone un cierto efecto llamada en lo que al aprendizaje del español se refiere.

Con todo, la crisis económica iniciada en 2007 provocó un cambio de tendencia en los flujos migratorios existentes hasta entonces entre España y Marruecos. Con anterioridad a esta fecha, gran parte de los marroquíes que emigraban a España establecían su residencia en este país animados por las oportunidades de trabajo que encontraban en una economía en constante crecimiento y donde la tasa de desempleo había tomado una senda descendente. Sin embargo, este patrón migratorio se vio alterado a partir de 2007 y, de manera más intensa, a partir de 2009, debido fundamentalmente al pinchazo de las burbujas financiera e inmobiliaria, que afectaron con especial crudeza a la economía española. Así, entre 2010 y 2014, el saldo migratorio entre España y Marruecos se tornó negativo, es decir, el número de marroquíes que salieron de España fue superior al de aquellos que entraron. No así desde 2015, año en que este saldo comienza a ser otra vez positivo, debido en parte a la recuperación económica española y a las buenas perspectivas de crecimiento para los años posteriores.

El saldo migratorio negativo no significa, sin embargo, que los marroquíes que abandonan España lo hagan para volver a su lugar de origen, algo que, en principio, podría resultar beneficioso para la difusión de la lengua española en Marruecos. La mayoría de ellos, por el contrario, tiene como destino final otros países de la Unión Europea donde la oferta laboral resulta más atractiva, lo que indica que muchos de estos inmigrantes están utilizando España como país de tránsito. En la práctica, esto supone un desapego hacia los conocimientos de español adquiridos durante su estancia en España, ya que la probabilidad de que estos acaben siendo sustituidos por los de la lengua del nuevo país de acogida es muy alta.

Es un hecho, sin embargo, que muchos de estos inmigrantes marroquíes acaban aprendiendo español. Y no necesariamente aquellos procedentes de la antigua zona de influencia española. Por ejemplo, en la región de Tadla-Azilal, situada al este de Marrakech, es decir, en plena zona de influencia del francés y donde la presencia colonial española fue inexistente, el español sigue abriéndose camino favorecido por un flujo migratorio prácticamente unidireccional primero hacia España y después hacia el resto de la UE. Según una encuesta realizada en 2017 por el Haut-Commissariat au Plan entre marroquíes procedentes de esta región central residentes en el extranjero, el español, con una tasa de conocimiento del 41 %, es el idioma más aprendido por estos emigrantes, seguido del italiano y del francés, con una tasa de conocimiento del 31 % y el 12 %, respectivamente. El nivel de adquisición de la lengua del país anfitrión depende también del grupo de edad de que se trate, siendo especialmente alto entre los más jóvenes, a quienes el aprendizaje del español, además de sus dos idiomas nacionales –el dariya y el *amazigh*– los convierte en multilingües, y muy reducido entre los más mayores, donde el grado de penetración de la nueva lengua es solo del 14 % (HCP 2017).

Los últimos quince años han visto surgir también un fenómeno migratorio antes desconocido en España: el regreso de inmigrantes marroquíes a su país. El número de bajas residenciales en España con destino Marruecos durante el periodo 2002–2018 dibuja una curva ascendente que revela la existencia de una emigración de retorno que, si bien reducida, pone de manifiesto que cada vez hay más nacionales marroquíes que desean volver a establecerse en su país.

El dato de las bajas residenciales es muy significativo en lo que a la expansión de la lengua española en Marruecos se refiere. Es más, esta emigración de retorno puede ser una de las claves para la difusión y el mantenimiento del español en el país vecino en el futuro, porque el emigrante que decide retornar a su país lo hace cargado de conocimientos relativos a la lengua y la cultura españolas, lo que supone plantar una semilla hispánica en el lugar en el que se asienta. Esto es especialmente relevante cuando estos migrantes establecen su residencia en lugares de Marruecos donde antes el rastro del español era imperceptible. De hecho, gran parte de la emigración de retorno lo hace a lugares de Marruecos localizados fuera de la zona tradicionalmente considerada como de influencia de la lengua española, que puede establecerse entre el puerto de Tánger y el de Nador. Más concretamente, el 55 % de los marroquíes que regresan a su país suele establecerse en lugares donde el español nunca se ha empleado como lengua extranjera, sino que están situados en el ámbito de influencia del francés.

Por otra parte, la variación del saldo de altas y bajas residenciales muestra que la movilidad geográfica de la población marroquí residente en España cada vez es más reducida. Esto dibuja un perfil del inmigrante marroquí con un apego creciente a su lugar de residencia inicial en España y cada vez más reacio a cambiarlo en función de las ofertas de trabajo que puedan surgirle. Este hecho favorece sin duda el fortalecimiento de los vínculos sociales, laborales y afectivos creados en la localidad de acogida, lo que supone una vía de acceso privilegiada a los usos y costumbres españoles.

4.3.3. El incentivo del turismo

Un papel esencial en la difusión del español en Marruecos lo representa también el turismo. A diferencia de lo que ocurre en otros ámbitos empresariales, el turismo supone que un número considerable de individuos, generalmente hablantes nativos de lenguas distintas a las locales, se traslade temporalmente a este país. El efecto más palpable de este fenómeno es, como parece lógico, un aumento casi inmediato del número de hablantes nativos de lenguas extranjeras. Pero más importante que este hecho son las interacciones que se producen entre los turistas y la población local, en las que la lengua constituye la primera barrera que es preciso franquear para facilitar la comunicación. En este sentido, el turismo contribuye a configurar en la población marroquí una percepción sobre la utilidad de las distintas lenguas extranjeras que está estrechamente ligada al grado de comunicatividad que estas tienen y a la solvencia económica de los turistas que las hablan. En cualquier caso, el turismo genera una demanda de servicios lingüísticos que es necesario cubrir para facilitar las transacciones diarias entre la población local y la foránea.

La historia compartida entre España y Marruecos, su cercanía geográfica y los continuos flujos migratorios entre estos dos países han favorecido sin duda la llegada de turistas españoles a Marruecos. Actualmente, el turismo español es el más numeroso después del francés. Sin embargo, el número de pernoctaciones que realizan los turistas españoles sugiere que estos suelen realizar estancias más breves que las de los turistas ingleses o franceses. En lo que al uso de la lengua española se refiere, esto supone un desincentivo a su perfeccionamiento por parte de los trabajadores del sector turístico marroquí, ya que cuanto más corta es la estancia, menos oportunidades se dan de entablar conversaciones con el turista que se aparten de los tópicos y las frases hechas y que exijan un conocimiento profundo del idioma. A esto hay que añadir el hecho de que el turista español tiende a gastar menos que el británico, con lo que la rentabilidad percibida asociada al aprendizaje del español es menor que la asociada al aprendizaje del inglés.

Pero el turismo hispanohablante no procede únicamente de España. Argentina y México son países que también tienen cierta presencia en el panorama turístico marroquí, si bien aún es muy reducida en comparación con la de España. Si se analiza la evolución de las cifras de turistas que visitan Marruecos según el ámbito lingüístico de procedencia, puede observarse que el turismo angloparlante superó al hispanohablante en 2014. Esto se debe fundamentalmente al creciente número de visitas de turistas estadounidenses, que en 2017 supusieron casi un tercio del total del turismo angloparlante, con un aumento del 29 % con respecto a 2016. Este hecho podría comportar en el futuro una reducción de la inversión en la oferta turística en español, que acabaría desplazándose hacia el inglés. Desplazamiento que podría verse reforzado por el carácter de lengua franca mundial que tiene hoy el inglés. El turismo estadounidense supone en la actualidad el 2 % del total de las visitas realizadas a Marruecos, mientras que el procedente de Reino Unido es el 4 %. Por otra parte, el turismo que procede directamente de España representa el 6 % del total de las visitas turísticas registradas.

Se observa en el turista español, asimismo, un patrón que favorece en cierto modo la dispersión geográfica de su lengua en Marruecos. Prueba de ello es que sus destinos preferidos suelen situarse fuera de la zona donde el uso del español está más extendido. De hecho, uno de los lugares más visitados es Marrakech, en el antiguo territorio controlado por Francia. De este modo, al igual que lo que ocurre con la emigración de retorno, el turismo hispanohablante ayuda a fomentar la demanda de la lengua española fuera de su zona de influencia.

4.3.4. La acción cultural española

El progresivo descenso de la colonia española en el Marruecos independiente generó una preocupación institucional por iniciar una acción cultural de España en este país (Benyaya 2006: 170). Esto se materializó en la firma, el 7 de julio de 1957, del primer convenio relativo a asuntos culturales entre España y Marruecos. En este acuerdo marco se fijaban las pautas de actuación para promover los intercambios culturales entre ambos países, que incluían, entre otras cosas, visitas de investigadores, becas educativas, la protección de los derechos de autor españoles, la prórroga de las licencias para publicar libros y revistas[33] y, en general, la promoción de la lengua y la cultura de ambos lados del Estrecho. También se contemplaba en este acuerdo un sistema de convalidaciones de títulos académicos que concedía plena validez a los títulos españoles y se manifestaba de forma expresa la voluntad de Marruecos de facilitar el uso del español, comprometiéndose, en este sentido, a incrementar el número de emisiones radiofónicas y televisivas en español como medio de acercamiento y conocimiento mutuos (Fernández Suzor 1992). En cuanto a la enseñanza de la lengua española, se establecía una Misión Cultural Española para organizar, sin restricciones, todo tipo de programas educativos siguiendo los métodos educativos españoles.

Sin embargo, este acuerdo no pasó de ser una mera declaración de intenciones, ya que, en sus 23 años de vigencia, apenas logró contener el retroceso que el español estaba registrando en la zona del antiguo Protectorado, debido especialmente a una falta de aplicación efectiva de sus términos. De este modo, la presencia cultural de España en la región fue desapareciendo poco a poco hasta quedar reducida a los centros escolares y culturales españoles y a algunas bibliotecas. Y esto no fue únicamente el resultado de la desidia de las autoridades españolas a la hora de supervisar el cumplimento de lo acordado, sino más bien de la férrea voluntad política de Marruecos

---

33 Véase, ABC de 14 de julio de 1957, edición de la mañana, pág. 46.

para implantar un bilingüismo oficial árabe-francés (Moratinos 1993), con la consiguiente retirada de apoyos a la difusión del español. Aunque la finalidad de los acuerdos de carácter cultural y educativo firmados entre España y los países del Magreb era garantizar la presencia de la lengua y la cultura españolas en la región, en ningún caso lograron compensar el impulso nacionalista árabe de los nuevos dirigentes magrebíes ni su apuesta clara por el afrancesamiento institucional (*ibidem*). Ambos factores contribuyeron al establecimiento de una política lingüística por defecto contraria a la expansión del español, cuyo uso en los espacios públicos era cada vez más reducido. Con todo, la década de los sesenta fue testigo de la introducción del español en el sistema educativo marroquí, si bien con una presencia minoritaria, que, paradójicamente, era más intensa en las zonas central y meridional del país que en el norte (El Khoutabi 2005: 68). En cualquier caso, el número de estudiantes de español registró una merma considerable y, a finales de los ochenta, el porcentaje de alumnos de español en el sistema educativo marroquí apenas superaba el 8 %. Y eso a pesar de las acciones de promoción de la lengua española diseñadas desde el Ministerio de Educación para intentar corregir esta tendencia a la baja (Roldán Romero 2006: 29).

La voluntad de cooperación entre el Gobierno de España y el de Marruecos para garantizar la difusión de la cultura y la lengua españolas volvió a ponerse de manifiesto mediante la firma de un nuevo convenio de cooperación cultural, en 1980, que tenía como finalidad reforzar su enseñanza en los programas educativos oficiales. En este sentido, se ampliaban los objetivos establecidos en el convenio anterior mediante el establecimiento de vínculos de cooperación entre los centros de educación superior y de investigación de ambos países, al tiempo que se facilitaba el intercambio de docentes en todos los niveles educativos, así como de investigadores y responsables educativos. El convenio incluía además un nutrido sistema de becas y la celebración de encuentros científicos bilaterales de todo tipo.[34] A pesar de que la independencia marroquí ya llevaba más de veinte años de rodaje y la imagen de expotencia colonizadora de España cada vez quedaba

---

34 Convenio de Cooperación Cultural entre el Gobierno de España y el Gobierno del Reino de Marruecos. Hecho en Rabat el 14 de octubre de 1980.

más lejos (Fernández Suzor 1992), gran parte de lo recogido en este convenio nunca llegó a aplicarse. De hecho, la supervisión de la enseñanza del español seguía siendo responsabilidad exclusiva de los inspectores franceses (Benyaya 2006: 172).

Cuando, a finales de los ochenta, se establece la Consejería de Educación en Marruecos, su principal cometido era acabar con una situación paradójica y es que, a pesar de que Marruecos era el país donde la acción cultural española era más intensa, por la extensa red de centros, su influencia en la sociedad marroquí era casi imperceptible (Moratinos 1993). Y el desconocimiento de la cultura española era aún más evidente entre las clases más acomodadas, que tenían como referencia a Francia y el francés cuando decidían salir al extranjero, incluso para cursar estudios hispánicos (*ibidem*: 173).

La cooperación de la Consejería con el Ministerio de Educación Marroquí trajo consigo la creación de una unidad de formación de inspectores especializados en lengua española, así como la apertura de una sección bilingüe inicial que, a la larga, acabaría transformándose en la Opción Lengua Española (OLE) actual, con el consiguiente aumento de horas dedicadas al estudio del español (Roldán Romero 2006: 34).

La Carta Nacional de la Educación aprobada por Marruecos a finales del siglo pasado constituía una apuesta clara por el plurilingüismo y situaba la enseñanza del español en el denominado tronco común y en el bachillerato, ampliándose posteriormente a la secundaria colegial. Aunque, desde entonces, la Opción Lengua Española ha llegado a ofrecerse en el 51 % de los centros, la cifra actual de alumnos apenas llega al 8 % del total. En cuanto a la educación superior, son siete las universidades que ofrecen programas de Lengua y Literatura Españolas, si bien el número de alumnos ha experimentado un descenso significativo en los últimos años. Esta oferta de español se ve complementada, además, por los seis centros y las cinco extensiones con los que cuenta el Instituto Cervantes en las principales ciudades del país, que vienen a sumarse a los once[35] centros directamente dependientes de la Consejería de Educación de España en Rabat.

---

35 Contando también el de La Paz de El Aaiún, dependiente de la Consejería de Educación en Marruecos.

Capítulo V   El español de Guinea Ecuatorial

Guinea Ecuatorial no es solo uno de los países más pequeños de África, sino también el único de este continente donde el español es lengua oficial. Si bien comparte este estatus con el francés y, más recientemente, con el portugués, lo cierto es que ninguno de estos dos idiomas supone en la actualidad una amenaza para el español, que ha conseguido consolidarse a lo largo de los años como la auténtica lengua vehicular de su población. Lejos de remitir, el uso del español parece haberse reforzado aún más desde la incorporación de estos dos idiomas al repertorio de lenguas oficiales, especialmente entre la población más joven, que lo habla con un dominio nativo o casi nativo. Con independencia de si ha de considerarse o no una variedad dialectal del español, la forma de hablar del ecuatoguineano constituye el único ejemplo en el que este idioma ha entrado en contacto con la familia de lenguas bantúes, facilitando así la aparición de rasgos distintivos. No puede hablarse, sin embargo, de una superposición lingüística similar a la observada en otros países de su entorno, donde la transferencia lingüística y la alternancia de códigos entre las lenguas vernáculas y la colonial casi siempre han propiciado la aparición de variedades criollas. El español de Guinea Ecuatorial ha sabido incorporar estos fenómenos, construyendo un habla peculiar que parece apartarse de la norma del español estándar, pero que no acaba de encajar del todo en la definición tradicional de variedad.

5.1. La presencia española

La historia de este país hunde sus raíces en reinos tribales medievales poco organizados surgidos a la sombra de estructuras políticas más complejas que se desarrollaron en la región de forma paralela: el Imperio oyo, el reino de Dahomey, el reino de Benín, el reino de Loango, el reino del Congo, el reino Benga de la isla Mandj (actual Corisco), los clanes bubi de la isla de Bioko y las aldeas-estado de los clanes fang en la parte continental. Fueron los descubridores portugueses los primeros que, en el último tercio del siglo XV, exploraron el golfo de Guinea como escala necesaria de una posible ruta comercial hacia las indias bordeando el sur de África. En 1471,

Fernando Poo situó a Formosa (actual Bioko) en las cartas de navegación europeas e inició así un lucrativo comercio de esclavos que favorecería la exploración del resto del archipiélago, incluidas las islas que hoy forman parte del país: Annobón, al sur de Santo Tomé y Príncipe; y Corisco, Elobey Grande y Elobey Chico, en la desembocadura del río Muni. Salvo la presencia temporal de la Compañía Neerlandesa de las Indias Orientales, entre 1641 y 1648, el dominio portugués de la región se prolongó, de forma ininterrumpida. durante más de tres siglos.

No puede hablarse de presencia española propiamente dicha hasta 1778, año de la firma en El Pardo de un tratado que culminaba la política de alianzas iniciada el año anterior con el tratado de San Ildefonso. Mediante estos documentos, la reina María I de Portugal cedía a Carlos III de España los derechos de trata esclavista y de libre comercio en la franja costera del golfo de Guinea situada entre los ríos Níger y Ogooué, así como la Colonia del Sacramento, en Uruguay. A cambio, Portugal obtenía la isla de Santa Catalina, en el sur de Brasil. El nuevo territorio español de la Guinea pasaba así a depender administrativamente del Virreinato del Río de la Plata. A pesar de la puesta en marcha de esta estructura administrativa, enfermedades como el paludismo y diversos motines deslustraron la cesión portuguesa e impidieron materializar el interés último de los españoles: asegurar los puertos clave en la ruta hacia Filipinas (Granados 1986: 131).

Fueron las resoluciones contra la trata de esclavos firmadas por España en el Congreso de Viena de 1815 y, sobre todo, el hecho de que se encargara a Inglaterra supervisar su cumplimiento las que sirvieron de catalizador para el asentamiento definitivo de los españoles en la zona. Con la excusa de acabar con el tráfico de esclavos, los británicos se establecieron en Fernando Poo entre 1826 y 1832, fundando allí la sede de la Comisión bipartita encargada de garantizar lo acordado en los tratados. Esto sirvió a los británicos para crear bases comerciales y ciudades, como Port Clarence, llamada más adelante Santa Isabel y hoy conocida como Malabo. Fue justo en este periodo cuando comenzó a emplearse el *pidgin* o *pichinglis*, una lengua criolla formada por el contacto entre otros dos criollos de base inglesa procedentes, por un lado, de Calabar (Nigeria) y, por otro, de Freetown (Sierra Leona) y que aún goza de cierta vitalidad en el país, especialmente entre los fernandinos.

El interés británico por Fernando Poo era tal que, en 1841, incluso llegaron a proponer la compra de la isla a los españoles, lo que contribuyó a una toma de conciencia por parte de la opinión pública española de la importancia estratégica que representaba para España esta colonia de África occidental, así como de la necesidad de reforzar su presencia militar y comercial en la zona. En 1843, la expedición de Juan José Lerena y Barry izó la bandera española en Santa Isabel, recabando el apoyo de varios grupos étnicos locales, como los bengas, de la isla de Corisco. Dos años después, una Real Orden dictada por la reina Isabel II intentaba fomentar los asentamientos españoles mediante el traslado voluntario de todos los negros y mulatos libres de Cuba que lo desearan. El escaso éxito de esta medida obligó, sin embargo, a dictar otras complementarias en 1861 que, aparte de convertir la isla en presidio español, solicitaban el embarque obligatorio de negros cubanos emancipados, a los que se unirían más tarde represaliados políticos. Estas acciones políticas se combinaron con la labor evangelizadora a cargo de diversas órdenes religiosas. Jesuitas, misioneras de la Inmaculada Concepción y claretianos fueron cruciales para la difusión de la lengua y la cultura españolas en la región (Manso Luengo y Bibang Oyee 2014).

A todo ello hay que sumar el ímpetu explorador del vitoriano Manuel Iradier y Bulfy, que logró apaciguar las revueltas surgidas en varias aldeas fang, al tiempo que realizó una descripción geográfica detallada del territorio continental, lo que contribuyó en gran medida a definir los límites políticos de la Guinea Española, que a partir de 1926 ya incluía tanto la parte insular como la continental. Con todo, la ausencia de fondos y el escaso interés por parte de España impidieron el establecimiento de una verdadera estructura económica colonial, más allá de la actividad comercial que generaban las plantaciones de cacao de la isla de Bioko. A finales de los sesenta, la región se organizó administrativamente en dos provincias españolas de ultramar: Fernando Poo y Río Muni. Para entones, la desaparición de organizaciones políticas de carácter étnico y tribal había dado paso a los primeros movimientos independentistas que se materializaron en la celebración de un referéndum de autonomía que rebautizó al país con su nombre actual y le dotó de los organismos políticos y legislativos propios de un país independiente, si bien el comisario general nombrado por el gobierno español aún gozaba de amplios poderes. Hubo que esperar hasta marzo de 1968 para que España, presionada por Naciones Unidas y por los movimientos ecuatoguineanos de emancipación, anunciara la independencia definitiva del país, que celebraría sus primeras elecciones ese mismo año.

5.2. Situación del español

Los últimos datos censales de la República de Guinea Ecuatorial arrojan una cifra de algo más de 1,2 millones de habitantes repartidos entre la región continental, que concentra a más de dos tercios de estos, y la insular, donde reside el 28 % restante, distribuidos de forma desigual entre las distintas islas, si bien es en Bioko donde vive la gran mayoría, sobre todo en su región norteña. Al igual que ocurre en gran parte de los países del Sahel y del África subsahariana, el pasado colonial ha dejado un legado idiomático en el que una lengua no indígena, en este caso el español, sirve de vehículo para la comunicación interétnica y para facilitar las tareas oficiales y administrativas. Salvo en el período de Macías (1968–1979), primer presidente del país, el español no ha perdido desde entonces su estatus de lengua oficial, si bien en las últimas décadas se ha visto obligado a compartirlo, primero con el francés, cuando Guinea Ecuatorial se integró en la zona de influencia económica de la francofonía, en 1997, y una década más tarde con el portugués, cuando el país se incorporó a la Comunicad de Países de Lengua Portuguesa, inicialmente en calidad de observador, en 2007, y luego como miembro de pleno derecho, en 2014.

A pesar de la preocupación manifestada por no pocos estudiosos sobre la erosión que el hecho de ampliar el repertorio de lenguas oficiales podría suponer para la situación del español, lo cierto es que este idioma está firmemente implantado y su empleo no parece verse sustancialmente amenazado a corto y medio plazo (Bibang Oyee y Larre Muñoz 2020). Con todo, la realidad social y política cambiante en la que está inserto siempre es una fuente de incertidumbre sobre su futuro (Molina Martos 2006: 4). El portugués no cumple una labor relevante en la comunicación del ecuatoguineano medio y los 134 000 hablantes del francés no suponen una amenaza para los hablantes de español, que se sitúa como líder indiscutible en la jerarquía de lenguas empleadas en el país, incluso por delante del fang (624 000), lengua bantú ampliamente utilizada en la región continental, así como en Bioko y Annobón. De hecho, autores como Bibang Oyee y Larre Muñoz

(2020) hablan de un "renacer del español" para referirse a la vitalidad que este idioma manifiesta en casi todos los ámbitos y a los espacios públicos y privados que ha ido ganando en los últimos años.

Aparte de estas tres lenguas oficiales, la Ley Fundamental de Guinea Ecuatorial reconoce también las lenguas autóctonas como "integrantes de la cultura nacional". Sin embargo, este reconocimiento no les concede entidad suficiente como para que sus hablantes puedan solicitar al gobierno mecanismos destinados a su mantenimiento y promoción. En consecuencia, permanecen en un limbo jurídico que las condena a la irrelevancia en los terrenos administrativo y político. Un total de nueve lenguas conviven junto a las otras tres europeas. Siete de ellas son lenguas vernáculas de la subfamilia bantú, perteneciente a la gran familia de lenguas Níger-Congo, y dos de formación mixta. Respecto a las primeras, aparte del *fang*, que es con diferencia la más utilizada, el *bubi* se habla en la isla de Bioko en una variedad de dialectos con diferencias muy marcadas. El *benga* se utiliza en las islas de Corisco, Elobey Grande y Elobey Chico y en parte de la costa continental. El *ndowe* es la segunda lengua vernácula que cuenta con un mayor número de hablantes después del fang y se extiende por el litoral continental en sus distintas variedades. También en el litoral se emplean el *baseke*, el *balengue* y el *bisió* (*bujeba*). Junto a estas lenguas autóctonas, se encuentran también dos lenguas acriolladas: el *Anobonés* y el *pichinglis*. El annobonés o *Fa D'Ambô* es un criollo angoleño que tiene su base en el portugués antiguo. Por su parte, el pichinglis o pichi aún se emplea como lengua vehicular en Bioko, Annobón y algunas zonas de Bata (Manso Luengo y Bibang Oyee 2014), a pesar de la estigmatización social de la que tradicionalmente ha sido objeto (Lipski 2000).

La tradición eminentemente oral de estas lenguas aborígenes supone un obstáculo para elevar su estatus, pues dificulta su utilización en el sistema educativo nacional o como lenguas vehiculares en la administración. Medidas como la creación de la Academia de las Lenguas Nacionales de Guinea Ecuatorial en 2002 dan cuenta de una cierta preocupación institucional por estos idiomas, pero sus efectos aún no se han hecho notar. Su aprendizaje sigue realizándose de padres a hijos y en las conversaciones informales que se producen fuera del entorno familiar. Solo puede hablarse de vitalidad propiamente dicha en aquellos ámbitos donde la oralidad cobra cierto protagonismo, como la música popular, el folclore, las ceremonias religiosas o los contados programas de radio y televisión que emiten en estos idiomas. A falta de una política pública decidida de promoción, su supervivencia se sustenta únicamente en una transmisión intergeneracional de carácter oral que podría ir perdiéndose a medida que sus hablantes nativos vayan envejeciendo y que las nuevas generaciones vayan sustituyendo las lenguas de sus padres por el español aprendido en la escuela.

El uso extendido del español como lengua de comunicación interétnica es otro elemento que contribuye en buena medida a su afianzamiento, a costa de las lenguas autóctonas. Solo políticas de corte radical, como las aplicadas durante la dictadura de Macías (1968–79) para promocionar los valores africanos a costa del español parecen haber sido eficaces para extender el uso de estas lenguas. El alcance de esta medida fue, sin embargo, desigual, pues si bien consolidó el fang como lengua de comunicación horizontal, lo hizo a costa de otras lenguas, como el balengue o el baseke (Molina Martos 2019: 93), lo que provocó la oposición de los otros grupos lingüísticos. Por número de hablantes, el fang es, de hecho, el único idioma aborigen que, de diseñarse las políticas lingüísticas de promoción pertinentes, podría suponer una amenaza a la preeminencia institucional del español. Idea que cobra aún más entidad si se tiene en cuenta que este idioma forma parte de un *continuum* dialectal de variedades cuya inteligibilidad mutua permite a los ecuatoguineanos comunicarse con otros hablantes del sur de Camerún, de Gabón, e incluso de las zonas fronterizas que la República del Congo tiene con este país (Yakpo 2016). Primar esta lengua frente a otras, sin embargo, es transitar un terreno delicado que podría agravar las rivalidades ya existentes entre las distintas etnias. De ahí que la mayoría prefiera utilizar una lengua colonial a privilegiar la de un grupo étnico determinado en detrimento de la propia. De hecho, un estudio publicado recientemente daba cuenta de la extraordinaria vitalidad alcanzada por el español en los últimos años en casi todos los contextos socioculturales (familia, trabajo, ocio, religión, administración, los medios de comunicación, educación…). Vitalidad que no solo se sustentaba sobre el carácter instrumental de esta lengua, sino también por ser la lengua preferida por los ecuatoguineanos para expresar emociones. No en vano, la mayoría piensa que el español es un elemento crucial a la hora de construir su identidad dentro de África, al ser el único país hispanohablante de este continente (Gomashie 2019). Por eso el aprendizaje del español y su utilización como lengua de instrucción se percibe de manera muy positiva, pues favorece la cohesión nacional, al tiempo que sirve para ascender en la escala social (Gil y Roth 2009).

5.3. Número de hablantes y grado de conocimiento de español

La dificultad a la hora de fijar el número exacto de hablantes de español de Guinea Ecuatorial no reside únicamente en la escasez de datos censales relativos a su uso, sino también en la falta de consenso para determinar si se trata de una variedad dialectal del español o no. En cualquier caso, es un hecho que la mayoría de los ecuatoguineanos se comunica actualmente en español, con distintos niveles de conocimiento y empleo de la lengua: los que son capaces de hablarla y escribirla correctamente, los que la han incorporado como segunda lengua, y aquellos que aún precisan de un apoyo institucional para su alfabetización (Morgades Besari 2005), grupo este último cada vez más reducido. Según Bibang Oyee y Larre Muñoz (2020), para la mayoría de los ecuatoguineanos el español es una segunda lengua, incluso para aquellos que tienen una competencia hablada y escrita elevada. Sin embargo, cada vez son más los jóvenes que, debido al poco contacto que han tenido con su lengua vernácula, tienen el español como primera lengua y es esta en la que mejor se expresan. Según estos mismos autores, casi el 90 % de los ecuatoguineanos puede comunicarse en español, lo que, siguiendo las perspectivas de Naciones Unidas, que situaban a la población de este país en 1,4 millones de habitantes para 2020, supondría que más de 1 260 000 personas emplearían el español, con distintos grados de competencia y asiduidad.

Es precisamente en el grado de conocimiento del español donde más se nota la necesidad de trabajos empíricos. Los pocos que hay incluyen muestras excesivamente reducidas o carecen del rigor necesario para hacer extensivos sus resultados al resto de la población. Tomados en su conjunto, sin embargo, pueden dar una idea del manejo del español por parte de los ecuatoguineanos. Muchos de ellos utilizan este idioma en el entorno familiar de forma espontánea y cada vez hay más padres que animan a sus hijos a emplearlo en ámbitos donde antes se utilizaban las lenguas autóctonas. Aquí, muchas veces la percepción individual de estar hablando español se topa con una realidad comunicativa en la que imperan la alternancia (*code switching*) y las transferencias lingüísticas entre estas lenguas y el español (Lipski 2014).

El conocimiento del español en Guinea Ecuatorial apunta, pues, a un bilingüismo social fuertemente arraigado, con un manejo activo o pasivo por parte de casi toda la población del país. Aunque su empleo como instrumento de comunicación prioritario ya es patente en la educación, la administración o los medios de comunicación, es en las áreas urbanas donde su uso se está extendiendo de forma más natural, quizás por el crisol étnico y lingüístico que estas representan, que favorece la utilización de una lengua vehicular.

Respecto a los ámbitos de uso del español, Bibang Oyee y Larre Muñoz (2020) aportan una imagen bastante completa que, no obstante, sería preciso corroborar con estudios más rigurosos diseñados para tal fin. Estos autores hablan de un entorno doméstico en el que el español ha ido ganando terreno en los últimos años hasta el punto de ser utilizado con frecuencia por los adultos para dirigirse a los niños, así como entre estos últimos. El empleo del español es aún mayor entre parejas de etnias diferentes o si alguno de los padres es extranjero. Un patrón similar se observa en los acontecimientos sociales más protocolarios, como las bodas, donde suele usarse la lengua autóctona de los novios, cuando estos son de la misma etnia, o el español, cuando son de etnias distintas. Y lo mismo ocurre con los bautizos o los entierros.

El uso del español en los espacios públicos depende del lugar en el que se produzca la situación comunicativa y de los interlocutores. Es frecuente oírlo en casi todas las áreas de las grandes ciudades, especialmente entre la población más joven. En hoteles, bares y restaurantes, el español suele ser la lengua más utilizada si los camareros son extranjeros, pero en las grandes cadenas hoteleras, sin embargo, es más frecuente el uso del inglés o del francés. Por el contrario, en los restaurantes o bares de barrio, son las lenguas vernáculas las más utilizadas. No así en los eventos deportivos, donde el español es la lengua más habitual. En las tiendas pequeñas, el uso del español o de la lengua vernácula suele depender de la procedencia del comprador y del vendedor, siendo frecuente recurrir al español cuando esta difiere. La atención médica en los grandes hospitales se presta normalmente en español, especialmente si el personal sanitario es foráneo. En locales como farmacias o peluquerías, el uso del español es mayor cuanto mayor es la reputación del establecimiento. Las ceremonias religiosas católicas suelen realizarse en español, si bien hay zonas en las que todavía se utiliza la lengua autóctona, si es la que hablan la mayoría de los asistentes. La música en español combina autores reconocidos españoles o latinoamericanos con un amplio repertorio de jóvenes cantantes de *hip-hop* que mezclan o alternan en sus letras el español y las lenguas vernáculas. En los medios audiovisuales, el uso de las lenguas autóctonas o europeas es anecdótico en comparación con el del español. Y lo mismo ocurre con las revistas y publicaciones periódicas, que suelen publicarse en español. El español es, además, la lengua de deliberación en el Parlamento y la judicatura (Bibang Oyee y Larre Muñoz 2020).

El uso del español en el ámbito corporativo depende de factores como el origen de los empleados, el tamaño de la empresa y de si la comunicación se produce entre miembros del personal o entre este último y personas ajenas a la empresa. En general, puede decirse que el español se utiliza en aquellos casos en los que, tras un breve contacto inicial, se ha descartado la posibilidad de utilizar una de las lenguas vernáculas. Esto es especialmente cierto en las grandes empresas, como las operadoras de telefonía, de televisión o las compañías suministradoras de servicios básicos, como agua o electricidad. Asimismo, se observa un mayor uso del español en la zona insular que en la continental, donde a veces el fang resta algo protagonismo al español (*ibidem*).

Algo parecido ocurre en las empresas extranjeras implantadas en el país, que, a pesar de tener como lengua vehicular aquella del país de procedencia, sus trabajadores alternan el español con sus lenguas vernáculas, en función del puesto que ocupen y de su origen lingüístico, siendo habitual utilizar el español para dirigirse a trabajadores con una categoría profesional inferior, aunque los interlocutores pertenezcan a la misma etnia. En las fábricas, la presencia del español es mayor o menor en función de su tamaño. Y algo similar ocurre en los medios y redes de transporte del país, donde el uso del español es directamente proporcional a su carácter internacional: casi omnipresente en los aeropuertos, pero alternado con otras lenguas en las estaciones de autobuses (*ibidem*).

No obstante, el principal bastión para la pervivencia del español es sin duda la educación, donde la utilización del español es obligatoria. Se estructura en cuatro niveles bien diferenciados. Dos son obligatorios a partir de los seis años: la Educación Preescolar (que comprende de los cuatro a los seis años) y la Primaria (de los siete a los doce años); y dos voluntarios: la Educación Secundaria (que incluye tanto la General como la Formación Profesional) y la Superior. En 2019, un total de 229 556 de alumnos se matricularon en alguna de las etapas preuniversitarias, especialmente en preescolar y primaria, que concentran a casi el 72 % de los estudiantes del país (PRODEGE 2020). Los estudios universitarios son aún muy minoritarios y solo representan el 3 % del alumnado. El aprendizaje del español se realiza sobre todo en la etapa de preescolar y primaria, donde más de cinco mil profesores se encargan de que el alumno adquiera las competencias básicas para expresarse en español, ya sea oralmente o por escrito. Aunque esta es la lengua oficial de instrucción, en la práctica, las distintas lenguas vernáculas acaban inundando el aula. A pesar de que los libros de texto estén editados en español, es frecuente recurrir a estas para completar las explicaciones del profesor o cuando los alumnos se encuentran perdidos. Entre los docentes, es la coincidencia en la lengua nativa de los interlocutores la que determinará el empleo o no del español (*ibidem*).

5.4. ¿Hacia una variedad ecuatoguineana?

El escaso interés académico que tradicionalmente ha despertado el español de Guinea Ecuatorial contrasta fuertemente con la intensa proliferación de estudios surgidos en las últimas cuatro décadas para dar cuenta de su situación. Uno de los debates principales en torno al español hablado en Guinea es si ha de considerarse o no una variedad dialectal del español. Del lado de los negacionistas, hay autores, como Quilis y Casado-Fresnillo (1995: 36), que argumentan que la escasa población española, así como el poco tiempo de permanencia en el país, han impedido la formación de un dialecto propio similar a los de Hispanoamérica: aunque este superestrato reciente habría permitido la consolidación de rasgos fónicos, sintácticos y léxicos propios, no habría conseguido asentar variedades regionales diferenciadas. Tampoco podría hablarse, según Granados (1986), de una lengua criolla, porque, en sus más de dos siglos de contacto con las lenguas autóctonas, los nativos siempre lo habrían utilizado como segunda lengua.

En el extremo opuesto de este debate, se sitúa Lipski (2007), que critica la idea de resistirse a aceptar la existencia de un dialecto del español por el simple hecho de haber sido utilizado como segunda lengua, primero del país colonizador y más adelante oficial, para facilitar la comunicación tanto dentro como fuera del territorio. Según él, en otros países con pasados coloniales anglófonos o francófonos existen variedades regionalizadas formadas a partir de las lenguas europeas y, siguiendo la misma lógica, el español *de* Guinea Ecuatorial no sería una excepción (Lipski 2014: 874–5), si bien aún se encuentra en proceso de consolidación:

> [...] ¿Ya está formado este dialecto? A estas alturas la respuesta tiene que ser doble. Sí y todavía no. La respuesta afirmativa refleja la realidad de los oídos: con los ojos cerrados cualquier hispanoparlante que conozca las variedades del español mundial puede identificar inmediatamente al nativo de Guinea Ecuatorial. Debido a la amplia gama de niveles de bilingüismo, así como el mosaico de lenguas autóctonas que matizan el español de Guinea Ecuatorial, todavía hay más fluctuación lingüística en el español de Guinea Ecuatorial que la que tipifica las zonas hispanoparlantes monolingües. (Lipski, 2007: 110)

Independientemente de si se trata de un dialecto emergente o no, existen unos rasgos fónicos y morfosintácticos que son propios del hablante ecuatoguineano y que Lipski (2014: 875–6; 2007) ha enumerado de la siguiente manera:

(1) Articulación oclusiva de /b/, /d/, /g/. La /d/ se pronuncia a veces como "r" y, al igual que ocurre en algunos dialectos de España, suele desaparecer en la desinencia –*ado*.

(2) Pronunciación variable de la /d/ final de palabra, que oscila entre la [d] oclusiva y el cero fonético.

(3) Realización alveolar de la /n/ final de palabra.

(4) Resistencia de /s/ final de sílaba/palabra, que a veces puede perderse, sin llegar nunca a aspirarse, como sucede en muchos otros dialectos del español.

(5) Seseo variable. El ceceo, sin embargo, es poco frecuente.

(6) /y/ intervocálica débil, que ocasionalmente se elide en contacto con /i/ , como en *silla* o *gallina*.

(7) Neutralización de /r/-/rr/: por lo general, no se aprecia distinción fonológica entre la /r/ simple y la /rr/ múltiple y con frecuencia esta última
sustituye a la primera.

(8) Ausencia de neutralización de /l/ y /r/. A veces estos sonidos desapare-
cen a final de palabra pero nunca se intercambian.

(9) Tonos individuales en cada sílaba. Este es quizás el rasgo más peculiar del habla hispanoguineana, pues, salvo el annobonés, todas las
lenguas vernáculas disponen de un sistema de tonos asignados a cada
sílaba, lo que indica que se ha trasladado esta característica del sistema tonal propio al español hablado en el país.

(10) Combinaciones híbridas *usted* + forma verbal de *tú*. Aunque no se
da en todos los hablantes, la incidencia de estructuras del tipo «*usted
quieres*» es tan alta que puede considerarse como un rasgo distintivo
del dialecto hispanoguineano.

(11) Alternancia entre *ustedes* y *vosotros*, acompañada en ocasiones de
discrepancias de concordancia entre el verbo y el sujeto: *ustedes
tenéis*.

(12) Uso de la preposición *en* con verbos de movimiento: *voy en el
hospital*.

(13) Concordancia variable entre el sujeto y el verbo. Aunque aún es frecuente emplear la tercera persona singular del verbo como forma
casi invariable (*yo vive aquí*), esta característica se está perdiendo a
medida que aumenta el uso del español en la vida diaria.

(14) Concordancia variable sustantivo-adjetivo: *mucho bebida; la
cuchillo*.

No faltan, sin embargo, objeciones a la validez de estos rasgos morfosintácticos como base para establecer una variedad propia. La principal la
han realizado Bibang Oyee y Larre Muñoz (2020: 189), que sostienen que
dichos rasgos no son comunes a todos los ecuatoguineanos y que muchos
de ellos no se pueden asignar a la existencia de un dialecto propio, sino
al nivel lingüístico de los hablantes, ya que la mayoría desaparece cuando
aumenta su competencia en español.

Otra de las características que llama la atención en el español hablado
en Guinea Ecuatorial es la falta de elementos característicos de las lenguas
criollas. Según González Echegaray (1951:106), la intensidad y rapidez en
la hispanización del territorio impidieron la formación de una variedad

criolla, que requiere una larga convivencia de los idiomas nativo y colonizador y la ausencia de una lengua mutuamente conocida por una población diversa (Lipski, 2007).

5.5. Actitudes hacia el español

Llegados a este punto cabe preguntarse cuál es la actitud de los ecuatoguineanos hacia el español, ya sea este contemplado como segunda lengua adquirida o como dialecto propio en proceso de consolidación. Al igual que ocurre con el estudio de sus ámbitos de uso, tampoco abundan aquí los trabajos empíricos realizados sobre el terreno que permitan hacer afirmaciones tajantes. Antonio Quilis, a veces en colaboración con Casado-Fresnillo, estudió estas actitudes en tres momentos diferentes (1981, 1983 y 1993) a través de cuestionarios entregados a estudiantes de secundaria y universidad de Malabo y Bata pertenecientes a etnias diferentes. Sus estudios presentan una actitud muy favorable hacia el español: todos los encuestados valoraban positivamente el hecho de poder hablarlo y más del 90 % se mostraba a favor de que esta siguiera siendo la lengua vehicular en la enseñanza, en parte por la mayor proyección internacional de esta lengua en comparación con cualquiera de las vernáculas y por servir de instrumento para la comunicación interétnica.

Aunque en los últimos años han aparecido algunos trabajos (Magdalena Chirilă 2015; Sandra Schlumpf 2016 Grace A. Gomashie 2019) que estudian aspectos novedosos sobre las actitudes de los ecuatoguineanos hacia el español y que dan cuenta de su vitalidad, las muestras analizadas en ellos son excesivamente reducidas y, además, se topan con el inconveniente de no haber sido realizadas sobre el terreno. Más recientemente, un trabajo publicado por Bibang Oyee y Larre Muñoz (2020) ha actualizado los indicadores analizados por Quilis en los distintos cortes sincrónicos, permitiendo así examinar su evolución. Aunque con una muestra reducida (tan solo 23 informantes, casi todos de la etnia fang), los resultados muestran una revisión al alza en casi todos los valores analizados por Quilis en 1993, lo que da cuenta de la pujanza del español en la Guinea actual.

Actitudes de los ecuatoguineanos respecto al español

Preguntas	1993	2020
¿En qué lengua habla o hablaba con sus padres?	26 %	39 %
¿En qué lenguas hablan sus hijos entre ellos?	60,5 %	78,5 %
¿Hablan o hablaban sus padres la lengua española?	73 %	78,5 %
¿En qué lengua habla con sus hermanos?	17,5 %	34,7 %
¿Cuál es la lengua que utilizan en su casa para hablar entre ustedes?	22,3 %	34,7 %
¿Habla español con sus amigos?	100 %	95,6 %
¿Cree que es importante que todos los guineocuatorianos aprendan a hablar el español y que todos lleguen a hablarlo bien?	100 %	95,6 %
¿Qué lengua recomendaría que se hablase en las escuelas?	90,2 %	56,52 %
¿Cree que en los últimos años ha aumentado el español en Guinea?	89,2 %	95,6 %

Fuente: Quilis y Casado-Fresnillo 1995 y Bibang Oyee y Larre Muñoz 2020

Curiosamente, es en la recomendación de hablar español en las escuelas donde este idioma parece haber perdido terreno en las últimas tres décadas, en favor del francés y del inglés. Sin embargo, la actualización de los datos relativos al francés parece desmentir que este idioma constituya una amenaza real para el español, ya que la percepción de su importancia entre los ecuatoguineanos ha experimentado una merma en ese mismo período.

Conclusiones

La nave que aquí llega a puerto lo hace cargada de datos históricos y actuales relativos al español hablado en las afueras de la superficie hispánica. Queda ahora lo más difícil: ordenarlos e interpretarlos de tal manera que podamos contestar a la pregunta que motivó este viaje: ¿hacia dónde camina el español en esos lugares tan a menudo percibidos como ajenos? La respuesta, claro está, será distinta, según dónde miremos. La presencia minorizada del español en Asia oriental no tiene nada que ver con la cada vez mayor pujanza de este idioma en los Estados Unidos o con el lento declive en su empleo que se observa en la región del Magreb. Incluso dentro del propio continente africano, la gradual desvinculación lingüística con el mundo hispanohablante que se aprecia en Marruecos difiere en gran medida de la vitalidad que muestra el español en Guinea Ecuatorial, donde su amplio uso en la educación está dejando paso a una generación de hablantes nativos de español que, en ocasiones, llega a sentirse más identificada con esta lengua que con las vernáculas del país. ¡Vayamos por partes!

La gran distancia que separa a Filipinas de los países donde el español es lengua oficial, así como el abultado tamaño de su comunidad criolla, convierten a este país en el enclave hispánico más relevante para garantizar la presencia del español en la región de Asia-Pacífico. Cuando, a finales del siglo XVI, las autoridades españolas preguntaron a los caciques locales si querían ser españoles o no, la mayoría contestó afirmativamente. Ello no significa, sin embargo, que quisieran aprender español (Rodríguez ponga 2003: 47). En los más de tres siglos de presencia española, no se logró hacer efectivo el empeño tardío de convertir al español en la lengua principal del archipiélago. Es cierto que este idioma ocupó una plaza de privilegio como lengua vehicular de la Administración e incluso llegó a generar un importante acervo que serviría más tarde como base sobre la que construir una nueva identidad nacional, pero eso no quiere decir que los filipinos dejaran de hablar sus propias lenguas. Es quizás la nostalgia producida por la pérdida de las últimas posesiones españolas en ultramar la que tradicionalmente ha llevado a contemplar como una pérdida lo que en realidad ha sido siempre una presencia cuantitativamente discreta (Galván 2006). Entre esas dos visiones, la realidad del español en el archipiélago quizás se encuentre en un punto intermedio: nunca llegó a utilizarse ampliamente por el conjunto de la población, pero es probable que nunca llegue a desaparecer del todo (Álvarez-Piñer 2018b).

Hoy el español se debate en Filipinas entre la asfixia provocada por la expansión y consolidación del inglés como lengua vehicular del estado y el interés que despierta su aprendizaje como vía para establecer vínculos comerciales con el mercado hispanoamericano. Lejos queda ya en el filipino de a pie el sentimiento del idioma español como algo propio, que atribuía un valor, siquiera nostálgico, a su mantenimiento. Los filipinos de más de treinta años ya han crecido y se han educado en un entorno anglófono y cada vez son menos los representantes de aquella clase alta y culta que, hasta hace solo unas décadas, eran los principales valedores del español.

El futuro del español en el archipiélago estará ligado, por tanto, a la evolución del español en el mundo y, especialmente, a su valor instrumental como lengua internacional y de los negocios, factor este último que actualmente despierta un interés creciente en todo el Sudeste asiático. En este sentido, el gobierno filipino cada vez es más consciente de la ventaja competitiva que supondría recuperar la enseñanza de esta lengua en un país que ya habla inglés. Sería necesario, no obstante, una apuesta presupuestaria considerable, primero para formar profesores cualificados y, después, para propiciar su reintroducción en el sistema educativo, al menos con carácter optativo.

Puede decirse, en suma, que el español sigue estando presente en Filipinas. Lo está en el vocabulario de sus principales lenguas autóctonas, en la memoria de los que lo estudiaron en la universidad, en el nombre de muchas de sus calles y en la actividad desarrollada por numerosas instituciones españolas y, más recientemente, hispanoamericanas. Pero igual de cierto que lo anterior es el hecho de que se trata de una lengua en declive: como lengua nativa, es prácticamente inexistente y, respecto a los hablantes que tienen una competencia limitada, es preciso decir que, aunque el criollo chabacano aún aguanta bien la fuerte influencia del inglés y de las otras lenguas con las que entra en contacto, no hay duda de que esta cada vez lo aleja más de su base hispánica. Con este telón de fondo, la apuesta para la supervivencia del español parece clara: fomentar su atractivo como lengua de comunicación internacional para que aquellos filipinos que lo adquieran como lengua extranjera vayan llenando poco a poco el vacío dejado por los hablantes de herencia desaparecidos.

Una trayectoria similar a la del español en Filipinas se observa también en las islas Marianas. Cuando el primer gobernador estadounidense llegó a Guam en agosto de 1899, la mayoría de su población hablaba chamorro y alrededor de la mitad podía comunicarse en español, con distinto grado de competencia en el idioma (Clement *s. d.*). Solo una pequeña minoría estaba familiarizada con el inglés, ya fuera porque habían formado parte de la tripulación de algunos barcos balleneros ingleses, ya fuera porque trabajaban en la zona portuaria de Sumay, donde atracaban barcos de distinta procedencia.

En 1917, una Orden General Ejecutiva del Gobierno Naval de los Estados Unidos intentaba promover el aprendizaje del inglés entre la población nativa, prohibiendo para ello hablar chamorro en todas las dependencias oficiales, así como en los recintos deportivos. Asimismo, durante los años veinte, se aprobaron varias medidas destinadas a desincentivar el uso del chamorro en la escuela, donde los estudiantes eran reprendidos cuando empleaban su lengua materna. Aunque esta política de imposición lingüística continuó incluso después de la Segunda Guerra Mundial, su puesta en marcha se topó con una realidad manifiesta, y es que el chamorro seguía siendo la única lengua vehicular de la isla, ya que la mayoría la hablaba mejor que el inglés. De hecho, en los tribunales sí que se permitía el uso del chamorro e incluso había intérpretes de este idioma que se encargaban de traducir las declaraciones al inglés.

Más de siete décadas después, el archipiélago mariano habla inglés y la herencia hispánica se debate en un difícil equilibrio entre el vocabulario incorporado al chamorro y el olvido casi inconsciente que supone la ubicuidad de la lengua inglesa, que sustituye casi de forma imperceptible vocablos procedentes del español con otros ingleses. En este contexto, las iniciativas para recuperar el chamorro en la esfera pública y privada pueden contribuir indirectamente a proteger los rasgos hispánicos que aún perviven en la lengua autóctona. Curiosamente, el español jugó un papel fundamental en la recuperación del idioma chamorro actual y en su inclusión en los programas de estudios bilingües de los centros educativos. Dado que el chamorro era en esencia un idioma de tradición oral, la elaboración de materiales escritos para su uso en el aula resultó harto complicada. En el momento en que se tomó conciencia del peligro que corría la lengua chamorra y de la necesidad de adoptar medidas para evitar su desaparición, las manifestaciones más habituales de la escritura chamorra eran traducciones de textos religiosos realizadas en épocas anteriores por los españoles con fines litúrgicos. Y aunque estas tomaban como referencia el alfabeto latino, que muchas veces no conseguía reflejar con exactitud muchos de los sonidos característicos de la lengua chamorra, contribuyeron sin duda a fijar el sistema de escritura actual del chamorro.

El inglés es, en cualquier caso, la realidad social del país, mientras que el chamorro refleja la idiosincrasia, lo familiar y el sentimiento de pertenencia. Con todo, el inglés no es el único idioma en contacto con el chamorro. La inmigración procedente de Filipinas ha traído a las islas nuevas realidades lingüísticas que compiten con el inglés, si bien estas no se manifiestan en toda su intensidad debido principalmente al deseo de integración de los propios inmigrantes, que solo utilizan el tagalo y otras lenguas filipinas dentro de su comunidad. En el otro extremo, el turismo también ha propiciado que lenguas como el japonés, el mandarín, el cantonés o el coreano se oigan con cierta frecuencia en las calles de las principales ciudades (*ibidem*: 160). Todas ellas suponen un sedimento más sobre el chamorro que dificulta la identificación de lo puramente hispánico.

El intento de chamorrización del sistema educativo y, por extensión, de la administración guameña supone sin duda un esfuerzo titánico. Sin embargo, los resultados pueden ser esenciales para evitar la erosión de una cultura que, de otro modo, acabaría definitivamente asimilada en el crisol estadounidense. En este proceso, no solo está en juego la preservación de la lengua y la cultura autóctonas, sino también la de la herencia hispánica y su influencia lingüística sobre la isla.

Bien distinta es la situación del español al otro lado del Pacífico norte. Contemplado desde el balcón de los países hispánicos, el paisaje del español en los Estados Unidos a menudo aparece como un conjunto integrado y homogéneo, algo que contrasta fuertemente con la diversidad lingüística que la mayoría de los hispanounidenses asignan a la cultura que comparten. Esta dualidad entre la percepción externa e interna de una misma realidad hispanohablante se debe, en parte, a la ausencia de unos datos demolingüísticos lo suficientemente precisos como para poder dibujar una imagen cabal de la situación del español en el país. De todos ellos, el relativo al número de hablantes probablemente sea el dato más relevante y, quizás por eso mismo, el más controvertido. Aunque la Oficina del Censo de los Estados Unidos proporciona cifras concretas sobre el uso del español en el entorno doméstico, no especifica, sin embargo, cuál es el grado de competencia de sus hablantes ni la frecuencia con la que estos lo emplean, con lo que los guarismos suelen ajustarse a conveniencia en función de las necesidades de los distintos equipos de gobierno, grupos de presión e incluso investigadores.

Si ya es complicado establecer el número exacto de hispanos capaces de comunicarse en español, más difícil aún resulta identificar las fronteras que separan a las distintas nacionalidades que integran esta comunidad de hablantes. A pesar del alto grado de fusión cultural y lingüística que la distancia suele asignar al *crisol* hispano de los Estados Unidos, una mirada más cercana descubre unos hablantes todavía muy identificados con sus tradiciones de herencia, lo que dificulta la percepción individual de pertenencia a una cultura panétnica. De existir, esta última se habría forjado más por el contacto con la cultura mayoritaria anglófona que por un solapamiento o fusión de las distintas culturas de origen hispánico, que las primeras generaciones de migrantes han trasmitido a sus hijos y nietos en forma de legado cultural identitario. A esto es preciso añadir la escasa cobertura que tiene la instrucción íntegramente en español (normalmente bilingüe) en el país: el español se aprende sobre todo en la esfera familiar, lo que influye de manera decisiva en el registro y vocabulario utilizados por sus hablantes, que en general no tienen la oportunidad de completar su competencia oral en el idioma con una expresión escrita correcta, habilidad esta última que suele adquirirse en el contexto de la enseñanza reglada.

Con todo, un vector crucial para el mantenimiento del español entre la población hispana ha sido su fuerte presencia como lengua extranjera en el ámbito educativo. El hecho de que este idioma forme parte de la oferta docente de una buena parte de los centros educativos del país sirve además de reclamo a otros estudiantes sin vínculos familiares con el mundo hispánico. Esto podría resultar muy útil en el futuro como herramienta para extender y consolidar el aprendizaje y uso de esta lengua dentro del ámbito angloparlante de EE. UU., que, al igual que ocurre con otros países de habla inglesa, muestra una cierta desidia hacia el aprendizaje de idiomas. Solo una quinta parte de los estudiantes norteamericanos estudia una lengua extranjera, con lo que el potencial de crecimiento que tiene el español es muy amplio, sobre todo teniendo en cuenta que su fuerte implantación y demanda en los centros educativos del país lo sitúan en una posición privilegiada con respecto a otras lenguas.

Pero si hay un ámbito docente que resulta especialmente interesante para medir el valor instrumental que en general se asigna al español en los Estados Unidos y atisbar una probable senda de crecimiento en el futuro fuera del ámbito puramente hispano, ese es el de la educación superior, donde los estudiantes que optan por matricularse en cursos de lenguas extranjeras lo hacen con la esperanza de rentabilizar más tarde los conocimientos adquiridos en el mercado de trabajo. Aquí, a pesar de que la prima salarial ligada al conocimiento de este idioma es inferior a la asignada al francés o al alemán, la mayor proyección internacional del español y el enorme uso que se hace de esta lengua en el país parecen haber sido incentivos lo suficientemente atractivos como para captar el interés de más de la mitad de los alumnos universitarios de lenguas extranjeras durante las tres últimas décadas.

Si bien la educación ha contribuido en gran medida a extender el uso del español en el país, el principal factor de crecimiento de la comunidad hispanohablante sigue siendo, hoy día, la inmigración. La porosidad de su frontera sur, con una marcada diferencia en las rentas per cápita a un lado y otro de esta, ha alimentado durante años un mercado laboral cercano al pleno empleo y ávido de recibir mano de obra barata dispuesta a ocupar trabajos de baja cualificación. Esta situación, permitida en parte por los distintos equipos de gobierno, ha garantizado un flujo migratorio constante y prácticamente unidireccional desde Latinoamérica y el Caribe hacia el país vecino que ha permitido aumentar su nómina de hispanohablantes nativos, al tiempo que ha ayudado a mantener el español de los hablantes de herencia. Y esta tendencia es previsible que se mantenga a medio y largo plazo, con independencia de quiénes sean los próximos inquilinos de la Casa Blanca. Incluso en un contexto de inmigración nula, la comunidad hispanohablante ha alcanzado hoy la masa crítica suficiente como para sobrevivir por sí misma en medio de una sociedad angloparlante que no solo pasa por ser la primera economía mundial, sino que también se preocupa por exportar de forma masiva sus valores culturales, generando un amplio superávit con el resto del mundo.

Con este telón de fondo, la pervivencia del español *en* o *de* los Estados Unidos exigirá, claro está, un buen grado de adaptación, proceso este último que no será meramente lingüístico, sino también profundamente político. Es aquí donde la definición de nuevos espacios conceptuales será esencial para guiar el imaginario colectivo y hacer que este se traduzca en acciones concretas en defensa del español. Hasta la década de los 70, el gobierno de los Estados Unidos se refería a la población hispana como aquella que hablaba español. Esta etiqueta era utilizada tanto para delimitar aquel sector de la población con ascendencia en algún país hispánico como para identificar el uso que esta hacía de los servicios públicos federales. El censo de los Estados Unidos no incluyó el término hispano hasta 1980 y, con él, nació una nueva clasificación que agrupaba varias etnias y que, por tanto, congregaba a grupos sociales con supuestas similitudes, pero con perfiles históricos y culturales muy diferentes (La Comba 2020). En el plano lingüístico, ocurre ahora algo muy parecido con el término *espanglish,* que ha pasado de tener una connotación peyorativa en sus inicios a ser reivindicado como marcador lingüístico identitario, incluso desde las más respetables instancias académicas. Y es que, independientemente de las distintas posturas que puedan mantenerse en torno a la existencia o no de una forma de hablar propia del hispano de los Estados Unidos, a nadie se le escapa el hecho de que dar carta de naturaleza a una suerte de variedad de español estadounidense se antoja como un paso previo para reivindicar una mayor representación política de esta lengua en el país, con el consiguiente acceso a unas partidas presupuestarias más abultadas destinadas a su mantenimiento.

Por lo demás, la comunidad hispana sigue los mismos patrones de concentración y movilidad social que se observan en la demografía mundial: la población hispana es cada vez más urbana y costera; y las terceras generaciones de inmigrantes suelen ocupar una posición social más elevada que la de sus padres y abuelos y están más integrados social y lingüísticamente. Esto es el resultado de haber pasado por el filtro de una instrucción nacional que, salvo raras excepciones, han recibido íntegramente en inglés. En este sentido, la mayor amenaza que hoy existe para la pervivencia del español no reside tanto en la cultura anglófona mayoritaria de la que forma parte la comunidad hispana como en el cambio gradual de percepción que se está produciendo en el seno de esta última, y es que cada vez hay más hispanos que no consideran un requisito indispensable saber español para identificarse como tales. Estrechamente ligado a este fenómeno figura, claro está, el hecho de que, desde hace ya unas décadas, el número de hispanos nacidos dentro de Estados Unidos supera al de aquellos nacidos fuera del país. Ambos datos, sin embargo, parecen quedar neutralizados a medida que uno se aproxima al límite suroeste del país, donde las inercias supranacionales de la globalización hablan más de solapamiento y mixtura lingüísticas que de asimilación propiamente dicha. En el rosario de ciudades gemelas que jalonan la frontera entre México y los Estados Unidos (Tijuana/San Diego, Ciudad Juárez/El Paso, Reynosa/MacAllen...), la realidad cotidiana revela un conjunto de intereses compartidos donde una gran parte de la población local es capaz de expresarse en ambas lenguas. Ciudades como San Diego y Tijuana ven hoy la frontera que las separa más como un obstáculo que les hace perder 2000 millones de dólares al año que como un beneficio que justifique su mantenimiento. El alcalde de San Diego cuenta con una oficina satélite en Tijuana y prevé la creación de un puente entre los dos aeropuertos, e incluso una candidatura olímpica conjunta para 2024 (Parag Khanna 2016). A medida que unas relaciones comerciales más intensas entre los dos países han ido difuminando la frontera física que las separa, fenómenos como la delincuencia y el narcotráfico han remitido considerablemente, creando a su vez nuevas áreas para la colaboración mutua. Es en este espacio de intercambio entre los dos estados, entre los dos idiomas, donde el español, con la etiqueta que quiera ponérsele a la forma en la que este se manifiesta en el país, tendrá que encontrar su lugar en el futuro, recalibrando a cada paso su grado de mixtura con el inglés a fin de conservar los rasgos hispánicos que lo definen, pero sin perder por ello el carácter instrumental que subyace a la supervivencia de cualquier lengua.

Si Estados Unidos es actualmente la principal fuente de crecimiento de la periferia hispanohablante, el Magreb constituye el paradigma de una lengua que se bate en retirada. Aunque la historia compartida entre España y el norte de África revela intercambios frecuentes de diversa naturaleza, lo cierto es que la presencia del español en la mayoría de los países que integran el Magreb es hoy muy reducida. En Libia y Mauritania, esta es casi inexistente, mientras que, en Túnez, donde el español forma parte de la oferta docente de algunos centros y la acción cultural española es más apreciable, la demanda social de este idioma aún resulta escasa.

El caso de Argelia muestra rasgos diferentes. Aquí, la presencia del español se manifiesta, aparte de en su estudio como lengua extranjera, en los numerosos hispanismos heredados por el árabe argelino, especialmente patentes en el dialecto oranés. Las palabras procedentes del español también se observan en el hasanía, variedad del árabe hablada por los refugiados saharauis instalados en los campos de Tinduf. En estos asentamientos, el español no solo tiene estatus de lengua oficial y se enseña en las escuelas, sino que en ocasiones se incluye también como elemento identitario en las reclamaciones territoriales de la República Árabe Saharaui Democrática.

Pero si de presencia del español en el Magreb hablamos, el contingente principal de personas que emplean este idioma habría que buscarlo en Marruecos. La larga historia compartida con España, que incluye un protectorado español en este país en el siglo pasado, unida a la intensa acción cultural española en la etapa posterior, han dejado una huella indeleble de la cultura hispánica en el país vecino que tiene en la lengua su principal valedor.

Aunque los pocos estudios que hay sobre la situación del español en Marruecos no se ponen de acuerdo sobre el número total de hablantes de esta lengua, los datos más optimistas sitúan la tasa máxima de penetración del español para esta década en el 4,6 % de la población, es decir, poco más de 1,6 millones de marroquíes. Hay que tener en cuenta, no obstante, que esta cifra incluye todos los niveles de competencia: desde las personas que tienen un dominio nativo del idioma hasta aquellas que solo son capaces de entenderlo. En cualquier caso, estos estudios revelan un hecho incontrovertible, y es que el número de marroquíes con conocimientos de español muestra una clara tendencia a la baja en los últimos años. Esto se debe en gran medida a la paulatina desvinculación cultural con España, favorecida en ocasiones por los actores políticos marroquíes, pero, sobre todo, por la apertura mediática y tecnológica que está viviendo el país, que sitúa al inglés como la lengua franca internacional de referencia, siempre por delante del español. Con este telón de fondo, el español cada vez tiene un encaje más incómodo no solo en la educación, sino también en las esferas social y empresarial. Y eso a pesar de la intensa acción cultural y comercial desplegada por España en este país.

La fórmula para invertir esta tendencia a la baja en el uso del español no es fácil de encontrar, pero sin duda exigirá un reforzamiento de los cuatro pilares sobre los que se asienta su presencia: el comercio bilateral, los acuerdos de cooperación cultural y educativa, el turismo y, por supuesto, la emigración. Pilares que también será preciso robustecer, cuando no crear, en el resto de la región, si se quiere seguir hablando de la existencia de un *Magreb hispano*.

Sin llegar a salir del continente africano, una mención especial requiere la situación peculiar que vive el español en Guinea Ecuatorial. Tal es la importancia estratégica de este país para la presencia global del español que incluso los estudios institucionales y académicos no acaban de ponerse de acuerdo sobre cuestiones fundamentales: ¿se trata de un idioma nativo o es solo una segunda lengua? ¿Puede hablarse de una variedad ecuatoguineana del español? ¿Debería considerarse a Guinea Ecuatorial como un país hispanohablante más o quizás no?

Cuando los primeros españoles se establecieron en Guinea Ecuatorial atraídos por la lucrativa empresa que representaba el comercio de esclavos, probablemente no se imaginaron que esa lengua castellana que apenas conseguía abrirse camino entre la confusa maraña de lenguas indígenas se convertiría, más de dos siglos después, en la herramienta principal de comunicación de su población autóctona. Factores como la ausencia de un idioma común que permitiera la comunicación interétnica, la mayor proyección internacional del español y, sobre todo, la presencia colonial española, han contribuido a crear una inercia hacia la utilización de este idioma, en detrimento de las lenguas vernáculas, que, al ser las nativas de la mayoría de la población, se emplean habitualmente en aquellos ámbitos en los que el español aún solo se aventura con cierta timidez. A pesar de ello, la vitalidad que exhibe actualmente el español lo sitúa en una posición privilegiada no solo con respecto a estas últimas, sino también con respecto a otras lenguas internacionales, como el francés, el inglés y el portugués, cuyo carácter internacional no han conseguido arrebatar al español ninguna de las funciones que hoy cumple en el país: instrumento de cohesión social, lengua de la administración y del comercio, elemento identitario. Ningún ecuatoguineano, incluidos los pocos que aún no son capaces de manejarse, siquiera mínimamente, en español, puede identificarse como tal sin dar cuenta de la fuerte influencia que han ejercido sobre él la lengua y la cultura españolas.

El mundo académico, no obstante, sigue situando a menudo a Guinea Ecuatorial en la periferia del mundo hispánico, sin llegar a reconocerlo como país hispanohablante de pleno derecho. Varios elementos invitan a desprenderse para siempre de esta concepción y a incluir a este país en la realidad multicéntrica del español, que, por otra parte, está repleta de comunidades bilingües y multilingües con una pujanza similar a la ecuatoguineana y que, sin embargo, no se ven obligadas a reivindicarse como hispanohablantes. En primer lugar, cada vez es menor el número de ecuatoguineanos que no saben español, fenómeno este último que ha corrido parejo a la ampliación del ámbito de uso de este idioma, que hace tiempo que traspasó el umbral del hogar, mediante las transferencias mutuas con las lenguas vernáculas. En segundo lugar, empieza a haber un número considerable de hablantes, niños y jóvenes en su mayoría, para los que el español ya es su primera lengua. Este es quizás el indicio más importante para determinar su vitalidad actual, ya que revela una tendencia, aunque leve, hacia un monolingüismo en español. Elementos como la obligatoriedad de la enseñanza Preescolar y Primaria, a pesar de los enormes desafíos a los que todavía se enfrenta el país en materia educativa; la mayor utilización del español por parte de los padres en el entorno familiar; el aumento de parejas de etnias distintas; e incluso el regreso de guineanos criados y educados en España, han contribuido sin duda a consolidar este dialecto emergente y a guiar su evolución futura (Pié Jahn 2009).

Aunque aún son pocos los ecuatoguineanos que tienen el español como primera lengua, la importancia estratégica de este país hispanohablante es evidente: puede servir de puente para afianzar la presencia de este idioma en otros países del Sahel donde su estudio ya está muy extendido, como Costa de Marfil, Benín o Togo. En combinación con el inglés, puede convertirse además en la plataforma de entrada a países anglófonos de su entorno más cercano: Ghana, Liberia, Sierra Leona, entre otros. De ahí que instituciones como el Instituto Cervantes hayan hecho de esta región uno de sus frentes prioritarios de actuación en los últimos años, como muestra la apertura de una sede de esta institución en Dakar, que se espera que sea la encargada de pilotar la expansión del español en toda la región.

Finaliza aquí nuestro viaje. Un viaje que sabemos inacabado, pues son muchos los lugares que han quedado por visitar. Aquellos en los que esta nave ha recalado han arrojado algo de luz sobre la naturaleza cambiante que revela la superficie hispánica en su periferia, pero nos han dejado también con cierta sed de datos que puedan explicar con mayor precisión ese proceso de transformación. Se trata, por tanto, de un itinerario siempre abierto que necesitará cubrirse de nuevo en el futuro a fin de verificar la vigencia de esa realidad policéntrica y mudable que presenta el español actual, pues es en sus afueras donde esta realidad se expresa con especial intensidad.

Bibliografía

ACNUR (2018). Sahrawi Refugees in Tindouf, Algeria: Total In-Camp Population. https://www.usc.gal/export9/sites/webinstitucional/gl/institutos/ceso/descargas/UNHCR_Tindouf-Total-In-Camp-Population_March-2018.pdf

Affaya, N. y Guerraoui, D. (2005). *La imagen de España en Marruecos.* Barcelona: Fundacion CIDOB.

Alvar, M. (1986). Cuestiones de bilingüismo y diglosia en el español. En V. García de la Concha, M. Alvar, M. Echevarría, ed. M. Alvar, C. García y F. Marsá (eds.), *El castellano actual en las comunidades bilingües de España.* Salamanca: Junta de Castilla y León, pp. 11–48.

Álvarez-Piñer, C. M. (2018a). El español en Filipinas. Un idioma de Estado. En *La influencia económica y comercial de los idiomas de base española.* Madrid: Ministerio de Economía, Industria y Competitividad, pp. 115–31.

Álvarez-Piñer, C. M. (2018b). El idioma chabacano de Filipinas ante los retos del siglo XXI.. En *La influencia económica y comercial de los idiomas de base española.* Madrid: Ministerio de Economía, Industria y Competitividad, pp. 133–38.

American Councils for International Education (2017). *The National K-12 Foreign Language Enrollment Survey Report.* https://www.americancouncils.org/sites/default/files/FLE-report-June17.pdf.

Anónimo (s. a.). Philippines. Higher Education. *StateUniversity.com Education Encyclopedia.* https://education.stateuniversity.com/pages/1202/Philippines-HIGHER-EDUCATION.html

Arnal Simón, L. (2006). *Arquitectura y urbanismo del septentrión novohispano: fundaciones del Noroeste en el Siglo XVIII.* Ciudad de México: Universidad Nacional Autónoma de México.

Aziza, M. (2009). El Protectorado español en Marruecos (1912–1956) visto por los marroquíes. En *Ceuta y el protectorado español en Marruecos* (pp. 51–62). Ceuta: Instituto de Estudios Ceuties.

Banco Mundial (2019). *Datos.* https://datos.bancomundial.org/pais/espana.

Barón Castro, R. (1972). *Hispanismos en el tagalo.* Thesaurus: boletín del Instituto Caro y Cuervo, 27 (1). pp. 1–70.

Bell, R. (1976). *Sociolinguistics: Goals, approaches and problems.* Londres: Batsford.

Benjelloun, M. O. (2012). *La question de la diversité à la lumière des résultats de l'enquête nationale sur le lien social.* Marruecos: IRES.

Benyaya, Z. (2006). *La enseñanza del español en la secundaria marroquí: aspectos fónicos, gramaticales y léxicos. Materiales didácticos.* Tesis doctoral dirigida por Dr. Pedro Barros García. Granada: Universidad de Granada.

Bibang Oyee, J. y Larre Muñoz, M. (2020). La pujante situación del español en Guinea Ecuatorial. En *Enciclopedia del español en el mundo. Anuario del Instituto Cervantes 2020 (pp. 183–209).* Madrid: Instituto Cervantes/ Bala perdida.

Carano, P. y Sánchez, P. C. (1964). *A Complete History of Guam.* Tokyo: Charles E. Tuttle Company.

Censo de los Estados Unidos (2015). Table 1. Detailed Languages Spoken at Home and Ability to Speak English for the Population 5 Years and Over for United States: 2009–2013. http://www2.census.gov/library/data/tables/2008/demo/language-use/2009-2013-acs-lang-tables-nation.xls?#

Censo de Población de Guinea Ecuatorial (2915). https://www.guineainfomarket.com/wp-content/uploads/2015/09/Censo-Poblacion-Guinea-Ecuatorial-2015.pdf

Chadouli Muñoz, I. (2014). El español en Mauritania. En Serrano Avilés, J. (Ed.), *La enseñanza del español en África Subsahariana* (pp. 404–416). Madrid: Instituto Cervantes, 2014.

Chirilă, E. (2015). *Identidad lingüística en Guinea Ecuatorial: diglosia y actitudes lingüísticas ante el español.* Tesis de máster. Bergen: Universidad de Bergen. https://docplayer.es/13424845-Identidad-linguistica-en-guinea-ecuatorial-diglosia-y-actitudes-linguisticas-ante-el-espanol.html

Cilluffo, A, y Fry, R. (30 de enero de 2019). An early look at the 2020 electorate. *Pew Research Center.* https://www.pewsocialtrends.org/essay/an-early-look-at-the-2020-electorate/.

Clement, M. R., *(s. d.).* English and Chamorro Language Policies. *Guampedia.com.* Guam: Guampedia. https://www.guampedia.com/us-naval-era-language-policies/.

Coello De La Rosa, A. (2013). Colonialismo, resistencia e identidad chamorra en la misión post-jesuita de las islas Marianas, 1769–1831.

Estudios de Historia Novohispana, 49, 83–117. https://doi.org/10.1016/
S1870-9060(13)72442-7

Constitución de la República de Filipinas de 1973. https://www.
officialgazette.gov.ph/constitutions/1973-constitution-of-the-republic-
of-the-philippines-2/

Constitución de la República de Filipinas de 1987. https://www.
officialgazette.gov.ph/constitutions/1987-constitution/

Courrière, Y. (1988). *La guerre d'Algérie. 1 Les fils de la Toussaint.*
Francia: Marabout.

Cuadrado Muñiz, A. (1972). *Hispanismos en el tagalo: Diccionario de
vocablos de origen español vigentes en esta lengua filipina.* Madrid: Oficina
de Educación Iberoamericana.

De Epalza Ferrer, M. y Gafsi-Slama, A. (1999). *El español hablado en Túnez
por los moriscos o andalusíes y sus descendientes (siglos XVII-XVIII).*
Valencia: Publicacions de la Universitat de València.

Decreto Presidencial n.º 155, de 15 de marzo de 1973. Recognizing
the Spanish language as an official language in the Philippines for
certain   purposes   https://www.officialgazette.gov.ph/1973/03/15/
presidential-decree-no-155-s-1973/

Dirven, R. y Pütz, M. (1996). Sprachkonflikt. En Hans Goebl *et al.*
(Eds.), *Kontaktlinguistik / Contact Linguistics / Linguistique de contact,*
vol. 1 (pp. 684–91). Berlin: De Gruyter Mouton.

Domínguez Ortiz, A. y Vincent, B. (1979). *Historia de los moriscos. Vida
y tragedia de una minoría.* Madrid: Alianza Editorial.

Donoso, I. (Ed.). (2012). Sociolingüística histórica del español en Filipinas.
En *Historia cultural de la lengua española en Filipinas: ayer y hoy*
(pp. 325–383). Madrid: Ed. Verbum.

Driver, M. G. (2005). *The Spanish Governors of the Mariana Islands.
Notes on their activities and the Saga of the Palacio. Their Residence
and the Seat of Colonial Government in Agaña, Guam.* Guam: Richard
F. Taitano/ MARC-University of Guam.

El Khoutabi, M. (2005). Breve historia de la enseñanza de la lengua y
culturas españolas en el sistema educativo marroquí. *Aljamía* (16), 67–70.

Elizalde, M. D. (2018). El español en Filipinas: un análisis histórico. En
La influencia económica y comercial de los idiomas de base española.
Madrid: Ministerio de Economía, Industria y Competitividad.

Escobar, A. M. y Potowski, K. (2015), *El español de Estados Unidos*. Cambridge: Cambridge University Press.

Fernández Suzor, C. (1992). Las relaciones culturales hispano-marroquíes en la perspectiva de los noventa. En López, B. *et ál.* (Coord.), *España-Magreb, siglo XXI* (pp. 327–336). Madrid: MAPFRE.

Fernández Vítores, D. (2013). Las fronteras difusas del mercado hispanohablante en los Estados Unidos. *Tribuna Norteamericana,* (12). http://www.institutofranklin.net/sites/default/files/files/TN12-David_fe rnandez_vitores.pdf.

Fernández Vítores, D. (2019). El Magreb hispano: de la frontera al espacio de intercambio. *Archiletras científica* (2), 45–63.

Fishman, J. A. (1967). Bilingualism With and Without Diglossia; Diglossia With and Without Bilingualism. *Journal of Social Issues 23*(2), 29–38. - https://doi.org/10.1111/j.1540-4560.1967.tb00573.x

Fishman, J. A. (1972). *Language and Nationalism: Two Integrative Essays.* Rowley, Mass.: Newbury House Publishers.

Fishman, J. A. (1968). Sociolinguistics and the Language Problems of the Developing Countries. En Fishman, Ferguson, and Das Gupta (Eds.), *Language Problems of Developing Nations* (pp. 3–16). Nueva York, Londres: John Wiley & Sons, Inc.

Flores, S. *et al.* (2019). U.S. Hispanic population reached new high in 2018, but growth has slowed. *Pew Research Center.* https://www.pewresearch. org/fact-tank/2019/07/08/u-s-hispanic-population-reached-new-high-in-2018-but-growth-has-slowed/.

Flores, S. López, G. y Radford, J. (2017), «2015, Hispanic Population in the United States Statistical Portrait». Pew Research Center. Disponible en: https://www.pewresearch.org/hispanic/2017/09/18/2015-statistical-information-on-hispanics-in-united-states-trend-data/.

Flores, S. y López, M. H. (2018). Among U.S. Latinos, the internet now rivals television as a source for news. *Pew Research Center.* https://pew rsr.ch/2DmSyZe.

Fradera, J. M. (2005). *Colonias para después de un imperio.* Barcelona: Bellaterra.

Fuller, J. M. (2013), *Spanish Speakers in the USA* (vol. 9). Clevedon: Multilingual Matters.

Galván, J. (2006). El español en Filipinas. En *Enciclopedia del español en el mundo. Anuario del Instituto Cervantes 2006–2007*). Madrid: Instituto Cervantes; Barcelona: Plaza & Janés, Círculo de Lectores, pp. 163–165. https://cvc.cervantes.es/lengua/anuario/anuario_06-07/pdf/paises_31.pdf

García Castellón, M. (2011). Lengua y letras hispánicas en Filipinas. Síntesis histórica y elegía. En M. D. Elizalde (Ed.), *Entre España y Filipinas: José Rizal, escritor* (pp. 149–170). Madrid: AECID-BNE.

García Delgado, J. L. (2019). El español da dinero. Sobre la economía del español. En J. M. Merino y A. Grijelmo (Eds.), *Más de 555 millones podemos leer este libro sin traducción* (pp. 135–148). Madrid: Taurus.

Garvin P. L. y Madeleine *Mathiot, M.* (1956). The Urbanization of the Guarani Language: A Problem in Language and Culture. En Wallace, A. F. C. (Ed.), *Selected Papers of the Fifth International Congress of Anthropological and Ethnological Sciences* (pp. 783–790). Philadelphia: University of Philadelphia Press.

Gil Pedromingo, L. y Otero Roth, J. (2009). Perspectivas de la lengua española en África subsahariana. En *Enciclopedia del español en el mundo. Anuario del Instituto Cervantes 2009*. Madrid: Instituto Cervantes. https://cvc.cervantes.es/lengua/anuario/anuario_09/gil_otero/p01.htm

Gomashie, G.A. (2019). Language Vitality of Spanish in Equatorial Guinea: Language Use and Attitudes. *Humanities 8* (33). https://doi.org/10.3390/h8010033

Gómez, M. (8 de septiembre de 2019). Just saying hola isn't enough. *Los Angeles Times*. https://www.latimes.com/politics/story/2019-09-07/las-vegas-spanish-speaking-presidential-candidates.

González de la Corte y Ruano Calderón, F. M. (1875). *Memoria descriptiva e histórica de las islas Marianas*. Madrid: Imprenta Nacional.

González Echegaray, C. (1951). Notas sobre el español en África. *Revista de Filología Española* (35), 106–118.

González-Barrera, A., Krogstad, J. M., y Noe-Bustamante, L. (11 de febrero de 2020). Path to legal status for the unauthorized is top immigration policy goal for Hispanics in U.S. *Pew Research Center*. https://www.pewresearch.org/fact-tank/2020/02/11/path-to-legal-status-for-the-unauthorized-is-top-immigration-policy-goal-for-hispanics-in-u-s/.

Granados, V. (1986). Guinea: Del 'Falar Guinéu' al Español Ecuatoguineano. *Epos* (2), 125–37.

Griffin, J. W. 1993. Foreword. En B. G. McEwan, (Ed.) *The Spanish Missions of La Florida*. Gainesville: University Press of Florida. XV

Güenechea, J. I. (2019). El legado español en los símbolos de Estados Unidos. *The Hispanic Council*. https://www.hispaniccouncil.org/wp-content/uploads/Legado-Espa%C3%B1ol-en-los-S%C3%ADmbolos-de-EEUU-1.pdf

Guillermo Pié Jahn, G. (2009). *Guinea Ecuatorial: Al filo de la hispanidad*. *Palabras* (1), 139–46. https://estudiosafrohispanicos.files.wordpress.com/2014/07/revista-palabras-1.pdf

Hamilton, D. *et al.* (2019). *LCD U.S. Latino Report GDP 2019*. California: LDC. https://hispanicexecutive.com/wp-content/uploads/2019/12/LDC_US_LatinoGDP_2019-final.pdf.

Hann, John H. 1993. The Mayaca and Jororo and Missions to Them. En B. G. McEwan, (Ed.) *The Spanish Missions of La Florida"*. Gainesville: University Press of Florida.128

HCP (Haut-Commissariat au Plan du Maroc) (10 agosto 2017). Note d'information du haut-commissariat au plan a l'occasion de la journée nationale des marocains résidant à l'étranger. Nota de prensa [online], https://www.hcp.ma/Note-d-information-du-haut-commissariat-au-plan-a-l-occasion-de-la-journee-nationale-des-marocains-residant-a-l-etranger_a2002.html

HCP (Haut-Commissariat au Plan du Maroc) (2022). URL: https://www.hcp.ma/

Hernández, R. (2018). *Mapa hispano de los Estados Unidos 2018*. Instituto Cervantes at FAS-Harvard University. http://cervantesobservatorio.fas.harvard.edu/sites/default/files/mapa_hispano_23_octubre.pdf.

Horton, A. (9 de agosto de 2017). Why North Korea threatened Guam, the tiny U.S. territory with big military power. *Washington Post*. https://www.washingtonpost.com/news/worldviews/wp/2017/08/09/why-north-korea-threatened-guam-the-tiny-u-s-territory-with-big-military-power/

Huetz de Lemps, X. (2006). *L'archipel des épices. La corruption de l'administration espagnole aux Philippines (Fin XVIIIe – Fin XIXe siècle)*. Madrid: Casa de Velázquez.

Igielnik, R y Budiman, A. (3 de septiembre de 2020). *The Changing Racial and Ethnic Composition of the U.S. Electorate*. Pew Research Center.

https://www.pewresearch.org/2020/09/23/the-changing-racial-and-ethnic-composition-of-the-u-s-electorate/#fn-375848-1

INE (Instituto Nacional de Estadística) (11 de junio de 2019b). Estadística de Adquisiciones de Nacionalidad Española de Residentes Año 2018. Datos provisionales», Nota de prensa [online]. URL: https://www.ine.es/prensa/aner_2018_p.pdf

INE (Instituto Nacional de Estadística) (2019a). URL: http://www.ine.es.

Kai, M. y Bevacqua, L. M. (2021). Acquisition and Maintenance of the Indigenous Chamorro Language in the Youngest Generation in Guam. En *Indigenous Language Acquisition, Maintenance, and Loss and Current Language Policies.* IGI Global. https://www.igi-global.com/chapter/acquisition-and-maintenance-of-the-indigenous-chamorro-language-in-the-youngest-generation-in-guam/260343

Krikez, A. (2005). *Statut, nature et enseignement de la langue française au Maroc.* Tetuán: Imprimerie Al Khalij Al Arabi,.

Kuamnews (14 de marzo de 2017). *Chamorro language is alive and well at competition.* https://www.youtube.com/watch?v=W99qAxzVskc

Lacomba, C. (2020). *Hispanos y/o latinos en Estados Unidos: La construcción social de una identidad.* Massachusetts: Instituto Cervantes at FAS – Harvard University. http://cervantesobservatorio.fas.harvard.edu/es/informes/hispanos-yo-latinos-en-estados-unidos-la-construccion-social-de-una-identidad.

Leclerc, J. (2013). *L'aménagement linguistique dans le monde.* http://www.tlfq.ulaval.ca/axl/afrique/maroc.htm

Ley federal de los Estados Unidos, promulgada el 24 de marzo de 1934. https://govtrackus.s3.amazonaws.com/legislink/pdf/stat/48/STATUTE-48-Pg456.pdf

Ley Fundamental de Guinea Ecuatorial. (2012) http://citizenshiprightsafrica.org/wp-content/uploads/2016/11/Eq-Guinea-Constitution-2012.pdf

Lipski, J. M. (2007). El español de Guinea Ecuatorial en el contexto del español mundial. En *La situación actual del español en África. Actas del II congreso Internacional de Hispanistas en África. Madrid: Sial/Casa de África* (pp. 79–117). https://cidafucm.es/IMG/pdf/lipski_el_espanol_en_guinea_ecuatorial.pdf

Lipski, J. M. (2010). Chabacano y español: resolviendo las ambigüedades. *Lengua y migración, 2*(1), 5–41 http://lym.linguas.net/Download.axd?type=ArticleItem&id=65

Lipski, J. M. 2000. The Spanish of Equatorial Guinea: Research on La Hispanidad's Best-Kept Secret. *Afro-Hispanic Review* (19), 11–38.

Lipski, John M. 2014. ¿Existe un Dialecto "Ecuatoguineano" del Español? *Revista Iberoamericana* (80), 865–82.

Looney, D. y Lusin, N. (2019). *Enrollments in Languages Other Than English in United States Institutions of Higher Education, Summer 2016 and Fall 2016: Final Report.* Nueva York: MLA. https://www. mla.org/content/download/110154/2406932/2016-Enrollments-Final-Report.pdf.

López García, B. (1996). Españoles en el Marruecos actual. En B. López García (Ed.), *Atlas de la inmigración magrebí en España* (pp. 38–9). Madrid: Universidad Autónoma de Madrid.

Lujan, P. C. *(s. d.)*. Role of Education in the Preservation of Guam's Indigenous Language. *Guampedia.com.* Guam: Guampedia. *https://www.guampedia.com/role-of-education-in-the-preservation-of-guams-indigenous-language/*

Manso Luengo, A. J., y J. B. Bibang Oyee (2014). El español en Guinea Ecuatorial. En J. Serrano Avilés (Ed.), *La enseñanza del español en África Subsahariana* (pp. 310–322). Madrid: Catarata. https://cvc.cervantes.es/ lengua/eeas/capitulo13.htm

Markria, S. (2013)., La situación del español en las tres zonas magrebíes (Túnez, Marruecos y Argelia). En Sánchez González, J. (Ed.), *Actas del IV Taller «ELE e interculturalidad» del Instituto Cervantes de Orán (2013)* (pp. 84–89). Orán: Instituto Cervantes. URL: https://cvc.cervantes.es/ ensenanza/biblioteca_ele/publicaciones_centros/PDF/oran_2013/13_ markria.pdf

Menages i Menages, À. R. y Monjo i Mascaró, J. L. (2011). El Patuet valencià. *divÈrsia* (2), 37–77.

Ministerio de Educación y Formación Profesional (MEFP) (2018). *El mundo estudia español 2018.* https://sede.educacion.gob.es/publiventa/ el-mundo-estudia-espanol-2018/ensenanza-lengua-espanola/22602

Ministerio de Turismo de Marruecos (2019). Tourisme en Chiffres: Evolution par nationalité des arrivées des touristes aux postes frontières. https:// www.tourisme.gov.ma/fr/tourisme-en-chiffres/arrivees-des-touristes

Moga Romero, V., (2009). La literatura de la guerra de Marruecos. En *Ceuta y el protectorado español en Marruecos* (pp. 151–70). Ceuta: Instituto de Estudios Ceutíes.

Molina Martos, I. (2006). El español en Guinea Ecuatorial: Aspectos sociolingüísticos. *Liceus*. https://www.liceus.com/producto/espanol-guinea-ecuatorial-aspectos-sociolinguisticos/

Molina Martos, I. (2019). *El viaje del español a Guinea. Archiletras Científica II*, 89–104.

Molina, A. (1989). Presencia Española en Filipinas. En *Actas del Segundo Congreso de Hispanistas de Asia*. Manila: Asociación Asiática de Hispanistas en Manila, pp. 75–81.

Morales Lezcano, V. (2006). *Historia de Marruecos*. Madrid: La Esfera de los Libros,.

Moratinos, M. Á., (1993). *Presencia cultural de España en el Magreb*. En Morales Lezcano, V. *et al*. (Coords.), *Presencia cultural de España en el Magreb: pasado y presente de una relación cultural «sui generis» entre vecinos mediterráneos* (pp. 175–194). Madrid, MAPFRE.

Moreno Fernández F. y Otero Roth, J. (2007). *Atlas de la lengua española en el mundo*. Barcelona: Ariel; Madrid: Fundación Telefónica.

Moreno Fernández, F. (1992). El español en Orán: notas históricas, dialectales y sociolingüísticas. *Revista de filología española* (72), 5–35.

Moreno Fernández, F. (2019). Los otros mundos del español. En J. M. Merino y A. Grijelmo (Eds.), *Más de 555 millones podemos leer este libro sin traducción*. Madrid: Taurus, pp. 211–230.

Moreno Fernández, F. (2019). Los otros mundos del español. En Merino, J. M. y Grijelmo A. (Eds.), *Más de 555 millones podemos leer este libro sin traducción* (pp. 211–230). Madrid: Taurus.

Morgades Besari, T. (2005). Breve apunte sobre el español en Guinea Ecuatorial. En *El español en el mundo. Anuario del Instituto Cervantes 2005*. Madrid: Instituto Cervantes.

Muñoz Machado, S. (2017). *Hablamos la misma lengua. Historia política del español en América desde la Conquista a las Independencias*. Madrid: Crítica.

National Statistics Office (2000). Census of Population and Housing, Zamboanga City. https://psa.gov.ph/sites/default/files/Zamboanga%20city.pdf

Nelde, P. H. (1998). Linguistic conflict. En F. Coulmas (Dir.), *The Handbook of Sociolinguistics* (pp. 194–203). Oxford/Cambridge: Blackwell Publishing.

Núñez Cabeza de Vaca, Alvar y Fernández de Córdoba, F. (1555). *La relacion y comentarios del gouernador Aluar Nuñez Cabeça de Vaca de lo acaescido en las dos jornadas que hizo a las Indias.* Valladolid: Francisco Fernadez de Cordoua.

Observatorio del Turismo de Marruecos (2019). http://www. observatoiredutourisme.ma/

Oficina del Censo de Estados Unidos (2003). Commonwealth of the Northern Mariana Islands: 2000. https://www.census.gov/prod/cen2 000/phc-4-cnmi.pdf.

Oficina del Censo de Estados Unidos (2012). Guam Demographic Profile Summary File. https://cnas-re.uog.edu/wp-content/uploads/2015/10/ KGI_2010-Guam-Demographic-Profile-Study.pdf

Oficina del Censo de Estados Unidos (2014). Commonwealth of the Northern Mariana Islands Demographic Profile Summary File. https:// www2.census.gov/programs-surveys/decennial/2010/technical-docume ntation/complete-tech-docs/island-areas/north-mariana-islands/dps fmp.pdf.

Oficina del Censo de Estados Unidos (2018a). Annual Estimates of the Resident Population for the United States, Regions, States, and Puerto Rico: April 1, 2010 to July 1, 2018. https://data.census.gov/cedsci/ table?q=puerto%20rico&g=0400000US72&tid=ACSDP1Y2018.DP05.

Oficina del Censo de Estados Unidos (2018b), «American Community Survey. TableID: B16006». Disponible en: https://data.census.gov/cedsci/ table?q=Language%20Spoken%20at%20Home%20latino&tid=ACSD T1Y2018.B16006&t=Language%20Spoken%20at%20Home%3AH ispanic%20or%20Latino&vintage=2018.

Oficina del Censo de Estados Unidos (2018c), «American Community Survey. TableID: DP05». Disponible en: https://data.census.gov/cedsci/ table?q=Hispanic%20or%20Latino&tid=ACSDP1Y2018.DP05&vint age=2018&t=Hispanic%20or%20Latino&hidePreview=false.

Oficina del Censo de Estados Unidos (2018d), «Statistics for U.S. Employer Firms by Sector, Gender, Ethnicity, Race, and Veteran Status for the U.S., States, and Top 50 MSAs: 2016 Annual Survey of Entrepreneurs». Disponible en: https://factfinder.census.gov/faces/tableservices/jsf/pages/ productview.xhtml?pid=ASE_2015_00CSA01&prodType=table.

Oficina del Censo de Estados Unidos (2018e). Hispanic or latino origin by specific origin. *American Community Survey*. TableID: B03001. https://data.census.gov/cedsci/table?q=hispanic%20origin&tid=ACSDT1Y2018.B03001&vintage=2010.

Oficina del Censo de Estados Unidos (2018f), «Language spoken at home by ability to speak English for the population 5 years and over (hispanic or latino)», American Community Survey. TableID: C16006. Disponible en: https://data.census.gov/cedsci/table?q=latinos%20speak%20spanish&tid=ACSDT1Y2018.C16006&t=Hispanic%20or%20Latino&vintage=2018.

Oficina del Censo de Estados Unidos (2018g). Language spoken at home. *American Community Survey*. TableID: S1601. https://data.census.gov/cedsci/table?q=Language%20Spoken%20at%20Home&hidePreview=false&tid=ACSST1Y2018.S1601&t=Language%20Spoken%20at%20Home&vintage=2018.

Oficina del Censo de Estados Unidos (2018h), «Characteristics of people by language spoken at home», American Community Survey. TableID: S1603. Disponible en: https://data.census.gov/cedsci/table?q=Language%20Spoken%20at%20Home&hidePreview=false&tid=ACSST1Y2018.S1603&t=Language%20Spoken%20at%20Home&vintage=2018.

Oficina del Censo de Estados Unidos (2019). The Hispanic Population in the United States: 2019. https://www.census.gov/data/tables/2019/demo/hispanic-origin/2019-cps.html

Oficina del Censo de Estados Unidos (2020), «2017 National Population Projections Tables. Table 4. Projected race and Hispanic origin». Disponible en: https://www.census.gov/data/tables/2017/demo/popproj/2017-summary-tables.html.

ONU (1947). Acuerdo sobre Administración Fiduciaria de las Naciones Unidas y Estados Unidos del 2 de abril de 1947. https://undocs.org/es/S/RES/21%20%281947%29

Organización de las Naciones Unidas (2019). World Population Prospects 2019. https://population.un.org/wpp/

Otero Roth, J. (2006). "El español en Asia-Pacífico". En *Anuario Asia-Pacífico*, 2006. Casa Asia, Fundació CIDOB, Real Instituto Elcano, 413–424. http://www.anuarioasiapacifico.es/pdf/2004/ASIA_CID_413_424.pdf

Otheguy, R. (2019). El español en los Estados Unidos. *Tribuna Norteamericana*, (31). https://www.institutofranklin.net/wp-content/uploads/2020/01/tn31_2_RO.pdf.

Otheguy, R. y Stern, N. (2010). On so-called Spanglish. *International Journal of Bilingualism*, 15(1), 85–100.

Otheguy, R. y Zentella, A. C. (2012). *Spanish in New York: Language Contact, Dialectal Leveling, and Structural Continuity*. Nueva York: Oxford University Press.

Parag Khanna (2016). *Connectography*: Mapping the Future of Global Civilization. Nueva York: Penguin Random House LLC

Parodi, C. (2014). El español de Los Ángeles: koineización y diglosia. Lenguas, estructuras y hablantes. En T. C. Smith-Stark, R. Barriga Villanueva y E. Herrera, (Eds.), *Lenguas y estructuras y hablantes. Estudios en Homenaje a Thomas Smith Stark* (pp. 1099–1121). Tlalpan, Ciudad de México: El Colegio de México.

Pew Research Center (23 de septiembre de 2020). Composition of the U.S. Electorate. https://www.pewresearch.org/2020/09/23/the-changing-racial-and-ethnic-composition-of-the-u-s-electorate/#fn-375848-1

Pew Research Center (6 de septiembre de 2016). Hispanic Population and Origin in Select U.S. Metropolitan Areas, 2014. https://www.pewresearch.org/hispanic/interactives/hispanic-population-in-select-u-s-metropolitan-areas/

Pew Research Center (18 de febrero de 2016). Most Hispanics say speaking Spanish not necessary to be considered Hispanic. *Pew Research Center*. http://www.pewresearch.org/fact-tank/2016/02/19/is-speaking-spanish-necessary-to-be-hispanic-most-hispanics-say-no/ft_16-02-16_hispanic_language/.

Pew Research Center (2018). More Latinos Have Serious Concerns About Their Place in America Under Trump. *Pew Research Center*. https://www.pewhispanic.org/wp-content/uploads/sites/5/2018/10/Pew-Research-Center_Latinos-Concerned-About-Place-in-America-Under-Trump-TOPLINE_2018-10-25.pdf.

Pew Research Center (2019), «U.S. Hispanic population growth has slowed», *Pew Research Center* (4 de julio de 2019). Disponible en: https://www.pewresearch.org/fact-tank/2019/07/08/u-s-hispanic-population-reached-new-high-in-2018-but-growth-has-slowed/.

Phelan, J. L. (1959). *The Hispanization of the Philippines. Spanish Aims and Filipino Responses, 1565–1700*. Madison: University of Wisconsin Press.

Philippine Statistics Authority (2010). Household Population by Country of Citizenship: Philippines, 2010: https://psa.gov.ph/sites/default/files/attachments/hsd/pressrelease/Citizenship%20by%20Country.pdf

PRODEGE (Programa de Desarrollo Educativo de Guinea Ecuatorial) (2020). *Anuario estadístico de la Educación Infantil y Preescolar, Primaria, Secundaria y Formación Técnica Profesional (Curso Escolar 2018–2019)*. Malabo: Ministerio de Educación. http://www.prodegeguineaecuatorial.com/wp/wp-content/uploads/2020/10/Anuario-2018-2019.pdf

Quilis, A. (1976). *Hispanismos en cebuano*: contribución al estudio de la lengua española en Filipinas. Madrid: Ediciones Alcalá.

Quilis, A. (1988). Nuevos datos sobre la actitud de los ecuatoguineanos ante la lengua española. Nueva Revista de Filología Hispánica (36), 719–731.

Quilis, A. (1983). Actitud de los ecuatoguineanos ante la lengua española. *Lingüística Española Actual* (5), 269–75.

Quilis, A. y Casado-Fresnillo, C. (1995). *La lengua española en Guinea Ecuatorial*. Madrid: Universidad Nacional de Educación a Distancia (UNED).

Quilis, A., Casado Fresnillo, C., Quilis-Sanz, M. J. (1997). Los filipinismos y otras palabras de Filipinas contenidos en el "Diccionario" de la Real Academia. En *Boletín de la Real Academia de la Lengua* 77 (270), 7–55. https://www.rae.es/sites/default/files/Quilis_Casado_Fresnedilla_Quilis_Sanz_7_55_Reducido.pdf

Real Cedula para que se destierren los diferentes idiomas que se usan en estos dominios, y solo se hable el castellano. Madrid, abril 16 de 1770. http://www.biblioteca.tv/artman2/publish/1770/Real_Cedula_para_que_se_destierren_los_diferentes_idiomas_que_se_usan_en_estos_dominios_y.shtml

Real Decreto de 20 de diciembre de 1863 Estableciendo un plan de Instrucción Primaria en Filipinas. http://digitallibrary.ust.edu.ph/cdm/fullbrowser/collection/section5/id/47755/rv/compoundobject/cpd/47788

Rhodes N. y Pufahl I. (2014). *An Overview of Spanish Teaching in U.S. Schools: National Survey Results*. Instituto Cervantes at FAS-Harvard

University. http://cervantesobservatorio.fas.harvard.edu/sites/default/files/002_informes_nr_spteaching.pdf

Rodao, F. (1997) La cultura española en Oceanía después de 1898. *Revista Española del Pacífico*, 7, 31–42. http://filipinokastila.tripod.com/spacul.html

Rodríguez-Ponga Salamanca, R. (2018). El valor económico de una lengua minoritaria: el chamorro de las islas Marianas. En *La influencia económica y comercial de los idiomas de base española*. Madrid: Ministerio de Economía, Industria y Competitividad, pp. 139–63.

Rodríguez-Ponga, R. (2003). Pero ¿cuántos hablan español en Filipinas? *Cuadernos hispanoamericanos* (631), 45–58. http://descargas.cervantesvirtual.com/servlet/SirveObras/bameric/01350553135573500088680/209438_0011.pdf

Rogers, R. F. (2011). *Destiny's Landfall. A History of Guam.* Honolulu: University of Hawaii Press. http://www.scielo.org.mx/scielo.php?script=sci_arttext&pid=S1405-09272011000200009

Roldán Romero, M. (2006). El español en el contexto sociolingüístico marroquí (I). *Aljamía* (16), 37–46.

Sáinz Ramírez, J. (1942). *Imperios coloniales.* Madrid: editorial Nacional.

Salinas, J. (6 de agosto de 2018). A dying language. *Pacific Island Times.* https://www.pacificislandtimes.com/single-post/2018/08/07/A-dying-language

Sayahi, L. (2005). Language and identity among speakers of Spanish in northern Marocco: Between ethnolinguistic vitality and acculturation. *Journal of Sociolinguistics* (9), 95–107.

Schlumpf, S. (2016). Hacia el reconocimiento del español en Guinea Ecuatorial. *Estudios de lingüística del español*, (37), 217–233. https://infoling.org/elies/37/elies37-12.pdf.

Selig Center for Economic Growth (2019). *The Multicultural Economy 2019.* Athens: Terry College of Business. Universidad de Georgia.

Sibayan, B. P. (1975). Survey of language use and attitudes towards language in the Philippines. En Ohannessian, S., Ferguson, C. A. y Polome, E. C. (eds.), *Language Surveys in Developing Nations.* Arlington, Va.: Center for Applied Linguistics, pp. 115–135.

Sueiro, J. (2012). La política lingüística española en Filipinas: la polémica de la expansión del castellano. En I. Donoso (ed.), *Historia cultural de la lengua española en Filipinas: ayer y hoy.* Madrid: Verbum, pp. 235–252.

Taitano, G. E. *(s. d.)*. Kumision I Fino' Chamorro/Chamorro Language Commission. *Guampedia.com*. Guam: Guampedia. https://www.guampedia.com/kumision-i-fino-chamorrochamorro-language-commission/

Taitano, G. E. (s. d.b). Chamorro Orthography. *Guampedia.com*. Guam: Guampedia. https://www.guampedia.com/chamorro-orthography/

Taylor, P., López, H., Martínez J. y Velasco, G. (2012). When Labels Don't Fit: Hispanics and Their Views of Identity. *Pew Research Center*. https://www.pewresearch.org/hispanic/2012/04/04/when-labels-dont-fit-hispanics-and-their-views-of-identity/.

Thompson, L. (1947). Guam and its people. New Jersey: Princeton University Press.

Topping, D. (1973). *Chamorro Reference Grammar*. Honolulu: University Press of Hawaii University Press of Hawaii.

Torres Souder, L. M. (1992). *Daughters of the Island: Contemporary Chamorro Women organizers on Guam*. Guam: MARC University of Guam.

UNESCO (2003). *Vitalidad y peligro de desaparición de las lenguas*. http://www.unesco.org/new/fileadmin/MULTIMEDIA/HQ/CLT/pdf/LVE_Spanish_EDITED%20FOR%20PUBLICATION.pdf

UnidosUS (25 de junio de 2019). The 2020 national latino electorate survey. *UnidosUS*. http://publications.unidosus.org/bitstream/handle/123456789/1958/UnidosUS_2020latinoelectoratesurvey_june2019.pdf?sequence=7&isAllowed=y.

Valdés Peña, A. (2011). Alicantinos en Argelia. Un viaje de ida y vuelta. *Revista de Estudios Internacionales Mediterráneos*, (10) 82–101. https://sites.google.com/site/teimrevista/numeros/numero-10-enero-junio-2011/alicantinos-en-argelia

Verdín Díaz, G. (1964). Problemas del castellano en Filipinas. En *Presente y futuro de la lengua española, I*. Madrid: OFINES, pp. 297–302.

Villalobos, F.R. (1979). *Geographic, Military and Political Description of the Island of Guam*. Traducción de Felicia Plaza. Guam: MARC University of Guam.

Wardhaugh, R. (2000). *An introduction to sociolinguistics* (3ª Edición). Oxford: Blackwell Publishers.

Williams, G. (1992). *Sociolinguistics. A Sociological Critique*. Londres: Routledge.

Yakpo, Kofi. (2016). "The only language we speak really well". The English creoles of Equatorial Guinea and West Africa at the intersection of language ideologies and language policies. *International Journal of the Sociology of Language* (239), 211–233. https://doi.org/10.1515/ijsl-2016-0010

Zentella, A. C. (1997). *Growing up Bilingual: Puerto Rican Children in New York*. Malden, Massachusetts: Wiley-Blackwell.

Zentella, A. C. (2016). Spanglish: Language Politics vs el habla del pueblo. En R. E. Guzzardo Tamargo, C. M. Mazak y M. C. Parafita Couto (Eds.) *Spanish-English Codeswitching in the Carribbean and the U.S* (pp. 11–35). John Benjamins. https://doi.org/10.1075/ihll.11.